코레일
(한국철도공사)
필기시험 모의고사

- 제 1 회 -

성명		생년월일	
시험시간	70분	문항수	60문항

〈응시 전 주의사항〉

○ 문제지 해당란과 OMR답안지에 성명과 생년월일을 정확하게 기재하십시오.

○ 기재착오, 누락 등으로 인한 불이익은 응시자 본인의 책임이니 OMR 답안지 작성에 유의하십시오.

○ 필기시험의 만점은 100점으로 합니다.

SEOWONGAK

(주)서원각

1 다음 밑줄과 동일한 의미로 사용된 것은?

건축물의 벽·복도·계단이나 그 밖의 설비 등의 전부 또는 일부를 공동으로 사용하는 각 세대가 하나의 건축물 안에서 각각 독립된 주거생활을 할 수 있는 구조로 된 주택을 공동주택이라 한다. 공동주택에 안전한 승강기 운행을 위해서 승강기 설비는 매월 1회 이상 정기적으로 점검을 통해 설비의 사용기간을 더욱 <u>늘릴 수</u> 있도록 하여야 한다. 또한, 이삿짐을 운반할 때 적재하중을 초과하지 않아야 하는 등의 규정을 지켜야 한다.

① 우리는 10년 만에 넓은 평수로 <u>늘려</u> 이사했다.

② 그 집은 알뜰한 며느리가 들어오더니 금세 재산을 <u>늘려</u> 부자가 되었다.

③ 적군은 세력을 <u>늘린</u> 후 다시 침범하였다.

④ 실력을 <u>늘려서</u> 다음에 다시 도전해 보아라.

⑤ 대학은 학생들의 건의를 받아들여 쉬는 시간을 <u>늘리는</u> 방안을 추진 중이다.

2. 다음은 '작업 중 스마트폰 사용으로 인한 산업현장 사고'와 관련된 사내 안내문을 작성하기 위한 개요이다. 〈자료〉의 활용 방안으로 적절하지 않은 것은?

주제 : 작업 중 스마트폰 사용으로 인한 산업현장 사고를 방지하기 위해 전사적 차원의 대책을 마련해야 한다.
Ⅰ. 서론 : 현황 ·· ㉠
Ⅱ. 본론
  1. 문제 원인
    가. 의식적 요인 ································· ㉡
    나. 제도적 요인 ································· ㉢
  2. 문제 해결 방안
    가. 의식 개선 방안 ··························· ㉣
    나. 제도 개선 방안 ··························· ㉤
Ⅲ. 결론

〈자료〉

㈎ 신문 기사
  작업 중 스마트폰 사용으로 인한 산업현장 사고가 최근 4년간 1.94배 증가했다. 이는 작업 중 산업현장 사고 증가율 1.1배보다 2배 가까이 높다.

㈏ 관련 담당자 인터뷰
  조사 대상의 84%가 작업 중 스마트폰 사용이 위험하다는 사실을 알고 있지만, 96%는 1일 1회 이상 작업 중 스마트폰을 사용한다고 답했습니다. 그런데 우리 회사에는 아직 이와 관련한 대책이 없습니다.

㈐ 연구 보고서
  안전 의식을 높이기 위한 교육 프로그램 개발, 안전 시설물 설치, 또는 패널티 부과 등 작업 중 스마트폰 사용으로 인한 산업현장 사고 방지를 위해 노력하는 세계 각국의 모습을 참고할 필요가 있다.

① ㉠에 ⑺를 활용하여 작업 중 스마트폰 사용으로 인한 산업현장 사고의 발생률이 증가하고 있음을 언급한다.

② ㉡에 ⑷를 활용하여 작업 중 스마트폰 사용이 위험하다는 사실을 알지 못하는 것이 산업현장 사고 발생 원인의 하나임을 제시한다.

③ ㉢에 ⑷를 활용하여 관련 대책의 부재가 작업 중 스마트폰 사용으로 인한 산업현장 사고를 방지하지 못하는 원인 중 하나임을 언급한다.

④ ㉣에 ⑺를 활용하여 작업 중 스마트폰을 사용하지 않게 하는 전사적 차원의 교육 프로그램을 개발할 것을 제안한다.

⑤ ㉤에 ⑺를 활용하여 패널티 부과 등 작업 중 스마트폰 사용으로 인한 산업현장 사고를 방지할 수 있는 대책을 마련해야 함을 주장한다.

3. 다음의 내용을 읽고 문맥상 괄호 안에 들어갈 말로 가장 적절한 것을 고르면?

신도시 개발 등으로 대도시권의 생활권이 광역화됨에 따라 교통수요가 지속적으로 증가하고 있고 입주민들의 교통불편이 심화되고 있다. 이에 따라 대규모 개발사업에 따른 교통문제를 완화하기 위해서 선교통-후개발 추진을 통해 1997년 4월 광역교통개선대책 제도가 도입되었다. 빠른 시일에 해당되는 구역의 교통이 활성화가 될 수 있도록 도로, 철도 등을 확충하는 계획으로 「대도시권 광역교통관리에 관한 특별법」을 법적근거로 시행된다.

광역교통개선대책은 면적 50만㎡ 이상 또는 인구 1만 이상의 대규모 개발사업에 해당한다. 대상사업은 택지개발·도시개발, 경제자유구역개발·지역개발, 대지조성·주택건설, 온천개발·관광지 및 관광단지조성·유원지설치·공원 사업 등이 있다.

광역교통개선대책을 수립하기 위한 절차의 흐름은 수립권자가 국토교통부에 광역교통개선대책을 제출한다. 그리고 개선대책(안)을 광역교통대선대책 평가센터에서 분석 및 검토를 하고 교통전문가로 구성된 실무위원회에서 검토 및 조정을 한다. 실무위원회에서 검토 및 조정하여 권역별로 위원회에서 심의 및 조치계획 작성하여 상정한다. 이후 심의결과를 확정되면 수립권자에게 (   )한다. 이후에는 개선대책 DB를 구축하고 관리하거나, 반기별로 추진실적을 보고하는 등의 사후관리를 진행한다.

이때 수립권자는 시·도지사 또는 국토교통부장관에 해당하고 심의·확정은 대도시권광역교통위원회가 진행한다. 개선대책 재원은 교통수요 유발자가 부담하는 것이 원칙이다.

① 배송(配送) ② 면담(面談)
③ 발송(發送) ④ 발전(發展)
⑤ 통보(通報)

4. 아래의 내용은 A철도회사가 B역에서 운행하는 도심공항버스 운송약관 제정(안)의 일부를 발췌한 것이다. 아래의 내용을 읽고 잘못 설명된 것을 고르면?

제1장 총칙

제2조(용어의 정의) 이 약관에 사용하는 용어의 정의는 다음과 같다.

① "승차권"이란 운송을 위하여 A철도공사가 발행하는 증표(승차권)로서, 승차권 발행방법 및 형태 등에 따라 다음과 같이 구분한다.
　1. 종이승차권 : 운행정보 등 운송에 필요한 사항을 승차권용 전용 용지에 인쇄한 승차권
　2. 모바일승차권(Mobile-Ticket) : 인터넷 통신과 컴퓨터 지원 기능을 갖춘 스마트폰, 태블릿 PC 등으로 A철도공사에서 제공 또는 승인한 전용 프로그램(Application)에 운행정보 등 운송에 필요한 사항을 전송받은 승차권
② "운임"이란 A철도공사에서 법 제8조의 규정의 의하여 관할관청에 신고 수리된 금액을 말한다.
③ "수하물"이란 여객이 여행 시 휴대하거나 탁송을 의뢰한 소지품 및 물품을 말한다.
④ "Check-in 수하물"이란 여객이 여행 시 탁송을 의뢰하여 백택(Bag Tag)을 부착한 수하물을 말한다.
⑤ "휴대수하물"이란 여객이 소지하는 물품 중 제20조 및 제22조에서 규정한 중량과 용적을 초과하지 않으며, 운송이 금지되지 않은 물품으로, 여객이 휴대할 수 있는 물품을 말한다.
⑥ "초과수하물"이란 무료운송 수하물 허용량을 초과한 수하물을 말한다.
⑦ "수하물표"란 Check-in 수하물이 아닌 수하물의 운송을 위해 철도공사에서 발행하는 증표를 말한다.
⑧ "총중량"이란 실 중량에 포장된 용기의 무게를 포함한 중량을 말한다.

① 승차권은 운송을 위해 A철도공사가 발행하는 증표이다.

② 수하물은 고객이 여행 시 휴대하거나 탁송을 의뢰한 소지품 및 물품이다.

③ "종이승차권"은 태블릿 PC 등으로 A철도공사에서 제공 또는 승인한 전용 프로그램에 운행정보 등 운송에 필요한 사항을 전송받은 승차권이다.

④ 수하물표는 수하물의 운송을 위해 A철도공사에서 발행하는 증표이다.

⑤ 총중량은 실 중량에 포장된 용기의 무게를 포함한 중량이다.

5. 다음은 A철도공사가 운영하는 도심공항버스 운송약관의 내용을 잘못 이해하고 있는 사람을 고르면?

제2장 승차권과 운임

제10조(승차권의 발행)

① A철도공사는 출발 1개월 전 07:00부터 승차권을 발권하며 제9조에 의거나 원활한 여객 수송을 위해 필요한 경우 발권방법·범위·시각·순서·장소·매수·횟수 등을 제한 또는 조정할 수 있다.

② 승차권은 예약과 함께 결제 및 발권을 해야 하며, 결제 또는 발권하지 않는 경우 예약사항은 자동 취소된다.

③ 승차권을 발권 받은 사람은 승차일시·승차구간 등의 운송조건을 확인하여야 한다.

④ 여객이 휴대폰으로 전송받을 수 있는 승차권 매수는 1인 1회에 9매까지 가능하다.

⑤ 승차권의 취소, 변경은 다음 각 호에 의한다.

　1. 날짜 지정 출발 일까지 한하여 역 매표창구, 모바일 매체 등을 통하여 미사용 승차권을 취소할 수 있다.

　2. 승차권 변경 시에는 기 발행된 승차권을 취소 후, 다시 승차권 발매 서비스를 통하여 발행하여야 한다.

제12조(승차권의 사용)

① 승차권은 기재사항을 준수하여 사용해야 하며, 기재사항을 임의로 말소·개조 또는 승차권을 분실한 경우 A철도공사는 해당 승차권을 무효로 한다.

③ 모바일승차권은 지정한 모바일 앱을 통하여 모바일로 전송받은 승차권만 유효하다.

④ 승차권의 임의변경, 복사, 위·변조 및 효력이 상실된 승차권을 사용하여, 적발된 경우 형법 제214조(유가증권의 위조 등), 제231조(사문서등의 위조·변조), 제236조(사문서의 부정행사)등 관련법에 따라 고발 조치할 수 있다.

⑤ 승차권의 유효기간은 적용일 당회에 한하여 유효함을 기본 원칙으로 한다. 단, 승차권의 기재사항 대로 사용하지 못한 경우 제15조 규정에 의하여 반환 받을 수 있다.

제13조(무임운송과 할인)

① 여객이 동반하는 6세 미만의 소아 1인은 무임으로 운송한다. 다만, 여객이 동반하는 소아가 1인을 초과하거나 좌석을 점유하고자 하는 경우 할인 운임을 적용할 수 있다.

② 제24조의 수하물은 무임으로 운송한다.

③ 13세 미만의 어린이(초등학생)는 할인할 수 있다.

④ 10인 이상의 단체는 할인할 수 있다.

⑤ 제③항 및 제④항에 따라 운임을 할인하는 경우 회사에서 제공하는 다른 할인과는 중복 할인하지 않는다.

① 가영 : 주말에는 사람이 몰릴 것이 분명하니까 한 달 전에 미리 승차권을 예약하고 발권을 받아놔야겠다.

② 나영 : 승차권 예약했는데 결제를 못했더니 자동으로 예약이 취소될 수 있겠다.

③ 다영 : 승차권을 취소하려면 반드시 매표창구로 가야겠다.

④ 라영 : 승차권을 분실한다면 내가 예약한 승차권이 무효가 될 수 있으니 분실되지 않도록 주의해야해.

⑤ 마영 : 3살 아이 한명이 좌석을 점유한다면 무임으로 승차할 수 없어.

6. 다음 글을 읽고 이에 관련한 내용으로 보기 가장 어려운 것을 고르면?

현대는 소비의 시대다. 소비가 하나의 이데올로기가 된 세상이다. 소비자들은 쏟아져 나오는 여러 상품들을 선택하는 행위를 통해 욕구 충족을 할 뿐 아니라 개인의 개성과 정체성을 형성한다. 소비가 인간을 만드는 것이다. 그뿐 아니다. 다른 사람의 소비를 보면서 그를 평가하기도 한다. 그 사람이 무엇을 소비하느냐에 따라 그 사람의 값을 매긴다.

거기서 자연스럽게 배태되는 게 바로 유행이다. 온통 소비에 신경을 쓰다 보니 유명인이나 트렌드 세터들이 만들어내는 소비패턴에 민감하다. 옷이든 장신구든 아니면 먹거리든 간에 이런 유행을 타지 않은 게 드물 정도다. 유행을 따르지 않으면 어딘지 시대에 뒤지고 소외되는 것 같은 강박관념이 사람들을 짓누르고 있다.

문제는 유행이 무척 짧은 수명을 갖는다는 것이다. 옷 같은 경우는 일 년이 멀다하고 새로운 패션이 밀려온다. 소비시장이 그만큼 다양화, 개성화, 전문화됐다는 뜻이다. 제대로 유행의 첨단에 서자면 정신이 달아날 지경일 것이다.

원래 제품 수명주기이론에서는 제품이 태어나 사라질 때까지를 보통 3–5년 정도로 본다. 즉 도입기와 성장기-성숙기-쇠퇴기를 거치는 데 몇 년 정도는 걸린다는 설명이다. 상품의 생명력이 이 정도 유지되는 게 정상이다. 그래야 생산자들도 어느 정도 이 속도에 맞춰 신상품을 개발하는 등 마케팅 전략을 세울 수 있다.

그런데 최근 풍조는 상품 수명이 1년을 넘기지 못하는 경우가 잦다고 한다. 소득이 늘면서 유행에 목을 매다보니 남보다 한 발짝이라도 빨리 가고 싶은 욕망이 생기고 그것이 유행의 주기를 앞당기는 것이다. 한 때 온 나라를 떠들썩하게 했던 아웃도어 열풍이 급격히 식어가고 있다는 보도다. 업계에 따르면 국내 아웃도어 시장 규모는 2014년 7조 4000억원을 정점으로 급격한 내림세에 접어들었다. 작년 백화점 등 유통업체들은 아웃도어에서 6–9% 마이너스 성장을 했다. 업체들은 일부 브랜드를 접고 감원에 들어가는가 하면 백화점에서도 퇴점하는 사례가 증가하고 있다.

과거에도 하얀국물 라면 등 음식이나 패션 등 일부 상품에서 빠른 트렌드 변화가 읽혔다. 소비자 요구는 갈수록 복잡다단해지고 기업이 이에 적응하는 데는 한계가 있는 것이다. 피곤한 것은 기업 쪽이다. 한편으로는 갈수록 부박해지는 소비문화가 걱정스럽기도 하다. 환경보호 등 여러 측면에서 소비가 미덕인 시대는 아닌 것 같기 때문이다.

① 사람들은 제품구매를 통해 니즈를 충족하고 그들의 개성을 형성하게 된다.
② 현대에 들어 분야를 막론하고 유행을 좇지 않는 게 거의 없다.
③ 제품수명주기는 도입기 – 성장기 – 성숙기 – 쇠퇴기의 4단계를 겪게 된다.
④ 소득이 증가하면서 제품의 유행주기가 점차적으로 느리게 된다.
⑤ 빠른 트렌드의 변화로 인해 소비자들의 욕구충족이 되는 반면에 기업의 경우에는 이에 맞추기 위해 상당히 피곤해진다.

7. 다음 제공하는 철도안전법령의 내용을 올바르게 설명한 것은 어느 것인가?

제2조(정의) 철도운영자란 철도운영에 관한 업무를 수행하는 자를 말한다.
제39조(철도차량의 운행) 열차의 편성, 철도차량 운전 및 신호방식 등 철도차량의 안전운행에 필요한 사항은 국토교통부령으로 정한다.
제39조의3(영상기록장치의 설치 · 운영 등)
① 철도운영자 등은 철도차량의 운행상황 기록, 교통사고 상황 파악, 안전사고 방지, 범죄 예방 등을 위하여 다음 각 호의 철도차량 또는 철도시설에 영상기록장치를 설치 · 운영하여야 한다. 이 경우 영상기록장치의 설치 기준, 방법 등은 대통령령으로 정한다.
  1. 철도차량 중 동력차 및 객차
  2. 승강장 등 안전사고의 우려가 있는 역 구내
  3. 대통령령으로 정하는 차량정비기지
  4. 변전소 등 안전확보가 필요한 철도시설
  5. 건널목으로서 안전확보가 필요한 건널목
② 철도운영자 등은 제1항에 따라 영상기록장치를 설치하는 경우 운전업무종사자, 여객 등이 쉽게 인식할 수 있도록 대통령령으로 정하는 바에 따라 안내판 설치 등 필요한 조치를 하여야 한다.
③ 철도운영자 등은 설치 목적과 다른 목적으로 영상기록장치를 임의로 조작하거나 다른 곳을 비추어서는 아니 되며, 운행기간 외에는 영상기록(음성기록을 포함한다. 이하 같다)을 하여서는 아니 된다.

④ 철도운영자 등은 다음 각 호의 어느 하나에 해당하는 경우 외에는 영상기록을 이용하거나 다른 자에게 제공하여서는 아니 된다.

1. 교통사고 상황 파악을 위하여 필요한 경우
2. 범죄의 수사와 공소의 제기 및 유지에 필요한 경우
3. 법원의 재판업무수행을 위하여 필요한 경우

⑤ 철도운영자 등은 영상기록장치에 기록된 영상이 분실·도난·유출·변조 또는 훼손되지 아니하도록 대통령령으로 정하는 바에 따라 영상기록장치의 운영·관리 지침을 마련하여야 한다.

⑥ 영상기록장치의 설치·관리 및 영상기록의 이용·제공 등은 「개인정보 보호법」에 따라야 한다.

⑦ 제4항에 따른 영상기록의 제공과 그 밖에 영상기록의 보관 기준 및 보관 기간 등에 필요한 사항은 국토교통부령으로 정한다.

제40조(열차운행의 일시 중지)

① 철도운영자는 다음 각 호의 어느 하나에 해당하는 경우로서 열차의 안전운행에 지장이 있다고 인정하는 경우에는 열차운행을 일시 중지할 수 있다.

1. 지진, 태풍, 폭우, 폭설 등 천재지변 또는 악천후로 인하여 재해가 발생하였거나 재해가 발생할 것으로 예상되는 경우
2. 그 밖에 열차운행에 중대한 장애가 발생하였거나 발생할 것으로 예상되는 경우

② 철도종사자는 철도사고 및 운행장애의 징후가 발견되거나 발생 위험이 높다고 판단되는 경우에는 관제업무종사자에게 열차운행을 일시 중지할 것을 요청할 수 있다. 이 경우 요청을 받은 관제업무종사자는 특별한 사유가 없으면 즉시 열차운행을 중지하여야 한다.

③ 철도종사자는 제2항에 따른 열차운행의 중지 요청과 관련하여 고의 또는 중대한 과실이 없는 경우에는 민사상 책임을 지지 아니한다.

④ 누구든지 제2항에 따라 열차운행의 중지를 요청한 철도종사자에게 이를 이유로 불이익한 조치를 하여서는 아니 된다.

① 철도를 안전하게 운행하기 위해서 필요한 사항은 철도공사에서 정하고 있다.

② 국토교통부에서는 철도시설에 영상기록장치를 설치하고 운영해야 한다.

③ 철도운영자는 교통사고 상황 파악을 위해서 영상기록을 이용하거나 제공하여서는 아니 된다.

④ 철도종사자는 지진, 태풍, 폭우 등의 재해가 예상되는 경우에 열차운행을 일시 중지할 수 있다.

⑤ 철도종사자가 철도사고 발생 위험이 높다고 판단되어 열차운행을 일시 중지를 요청한 경우, 고의 또는 중대한 과실이 없다면 민사상 책임을 지지 않는다.

8. 다음 제시된 글의 단락 (가)~(마) 중에서 전체 내용과 가장 어울리지 않는 하나는 어느 것인가?

(가) 주택 청약을 하기 위해서 청약통장이 필요하다. 종류에 따라서 가입대상, 저축방식, 저축금액, 대상주택이 달라지는 입주자 저축의 종류에는 청약저축, 청약부금, 청약예금, 주택청약종합저축 등이 있다. 청약저축과 청약예금·부금의 경우에는 신규가입이 2015년에 종료되었다.

(나) 입주자 저축 중에서 신규가입이 가능한 주택청약종합저축은 유주택자라도 가입이 가능하며, 누구나 제한 없이 가입을 할 수 있다. 매월 일정액을 불입하는 방식이나 일시불을 예치하는 등의 저축방식이다. 또한 저축금액은 월 2~50만원이나 1,500만원을 일시납입 하는 것이 있다.

(다) 주택청약종합저축의 대상주택은 모든 주택에 해당한다. 청약대상주택을 변경하고자 할 때 민영주택의 경우는 청약을 하고자 하는 주택의 규모별·소재지별 기준에 따라서 예치기준금액을 납입해야 한다.

(라) 재당첨 제한, 특별공급 횟수제한, 가점제 2년내 당첨 제한 등과 같은 청약제한의 판단기준이 되는 세대원은 청약신청자 또는 배우자의 세대별 주민등록표 및 가족관계로 판단된다. 청약신청자의 배우자는 청약신청자와 동일한 주민등록표 등재 여부와 무관하게 세대원으로 인정된다.

(마) 주택구매에 다양한 혜택을 제공하는 주택청약종합저축은 기존에 소지하고 있는 청약저축, 청약부금, 청약예금의 청약통장은 주택청약종합저축으로 전환이 불가능하여, 기존에 청약통장을 해지하고 신규로 가입해야 한다. 일부 인출이나 일부 해지가 불가능하며 한번 입금된 금액과 회차는 정정이 불가하다.

① (가) ② (나)
③ (다) ④ (라)
⑤ (마)

9. 다음 중 밑줄 친 부분과 같은 의미로 쓰인 것은?

　국내선 수하물 짐배송 서비스가 시행된다. 짐배송 서비스는 공항의 수하물 수취장에 도착한 승객의 짐을 배송업체가 대신 찾아가서 숙소와 자택 등의 목적지까지 배달을 하는 서비스이다. 이제 전국 권역별 5개 공항(김포·김해·청주·대구·광주공항)과 제주공항 간에 양방향 서비스가 가능하다. 5개 공항 중 운항 노선이 있는 공항(김포↔광주, 김포↔김해)에서도 제공되기 때문에 이제는 두 손 가득하게 짐을 들고 가는 무거운 여행 말고 빈손으로 가는 가벼운 여행을 할 수 있게 되었다.

① 그는 공부 말고도 운동, 바둑, 컴퓨터 등 모든 면에서 너보다 낫다.
② 뜨거운 숭늉에 밥을 말고 한 술 뜨기 시작했다.
③ 그는 땅바닥에 털썩 주저앉아 종이에 담배를 말고 피우기 시작했다.
④ 유치한 소리 말고 가만있으라는 말에 입을 다물었다.
⑤ 거짓말 말고 사실대로 대답하라.

10. 다음은 H공단에서 공지한 공고문의 내용이다. 이 공고문의 수정사항을 지적한 〈보기〉와 내용 중, 적절한 것을 모두 고른 것은 어느 것인가?

〈지정측정기관 평가 실시 공고〉

산업안전보건법, 고용노동부고시에 따라 「지정측정기관 평가」 실시계획을 다음과 같이 공고합니다.
1. 평가방법 : 기관별 방문평가
2. 평가표 : 지정측정기관 평가 설명회 시(3월 8일) 배포
3. 평가대상기관 : 산업안전보건법 시행령 제32조의3에 따른 지정측정기관
4. 평가자 : 안전보건공단 직원 및 외부전문가
5. 평가대상 업무 : 평가일 기준 최근 2년간 업무
(20××.1.27. ~ 20××.12.31.)
　※ 평가대상 기관 중 2년 전에 지정받은 기관인 경우에는 지정측정기관 지정일로부터 20××.12.31.까지 수행한 업무에 대하여 평가

6. 평가일정
　• 평가실시 : 20××. 3월 20일(월) ~ 7월 13일(금) 중 1~2일
　　※ 기관평가 방문일 : 평가반별로 해당 기관과 유선 협의 후에 확정
　• 평가결과(절대점수) 통보 : 20××. 7월 중
　• 이의신청 접수 및 처리 : 20××. 8월 중
　　※ 이의신청 내용이 타당한 경우에 한하여 재평가 실시
　• 최종 평가결과 및 평가등급 공표 : 20××. 8월 중

20××년 2월 23일
한국 H공단

㈎ 개별 통보기관에 대한 설명이 없어 자사가 대상기관에 해당되는지 알 수 없다.
㈏ 날짜를 숫자로 표기할 경우, '일'을 표기하는 숫자 뒤에 마침표를 쓰지 않아야 한다.
㈐ 문의사항과 관련한 연락처를 제공하지 않아 불편함이 예상된다.
㈑ 평가방법과 평가표에 대한 내용을 먼저 작성하는 것은 순서에 맞지 않는다.

① ㈏, ㈐, ㈑
② ㈎, ㈐, ㈑
③ ㈎, ㈏, ㈑
④ ㈎, ㈏, ㈐
⑤ ㈎, ㈏, ㈐, ㈑

11. 다음과 같이 작성된 기후변화에 따른 수자원 전망 보고서 내용을 검토한 팀장의 반응으로 적절하지 않은 것은 다음 보기 중 어느 것인가?

부문		기후변화 영향(2050년)
자연 환경	산림 식생대	• 소나무 식생지역→경기북부, 강원 지역에만 분포 • 동백나무 등 난대 수종→서울에서 관찰 가능
	육상 생태계	• 생태계 변화, 서식지 축소→생물다양성 감소 • 꽃매미 등 남방계 외래 곤충 증가 • 맷돼지 개체수 증가로 농작물 피해 확산
	해양 생태계	• 제주 산호 군락지 → 백화현상 • 난대성 어종 북상(여름), 한대성 어종 남하(겨울) 　－꽃게어장 : 연평도 부근→북한 영해 　－참조기, 갈치 : 제주→전남 경남 연안 　－대구 : 동해, 경남 진해→전남 고흥, 여수
생활 환경	물관리	• 집중호우로 하천 유역, 도심지 홍수발생 가능성 증가 • 가뭄 발생, 생활·농업용수 수요 증가→물 부족
	해수면 상승	• 해수면·해일고 상승→해안 저지대 범람, 침식 　－해수면 상승으로 여의도 면적 7.7배 이상 범람 • 일부 방조제·항구 등 범람에 취약
	건강	• 폭염·열대야 1개월간 지속→노인, 환자 등 취약 • 말라리아, 뎅기열 등 아열대성 질병 증가 　－기온 1℃ 상승→말라리아(3%), 쯔쯔가무시 　　병(6%) 증가
산업	농업	• 쌀, 과수·채소 등 품질저하, 생산성 감소 　－매년 2~4만ha 경작지 감소 　－기온 2℃ 상승→사과 생산량(34%), 고랭지 　　배추 재배 면적(70% 이상) 감소 • 품종개량 및 신품종 재배 기회 창출
	수산업	• 수온 상승으로 인한 하천 밑바닥 저산소 현상 확대, 대형 해파리 증가→어업·양식업 피해 발생 • 참치 등 난대성 어종 양식 기회 제공
	산업전반	• 산업생산 차질, 전력 수급 불안정 등 발생 • 기후친화형 산업, 관광·레저 부문 활성화

① "한파로 인한 겨울철 저수온 현상 때문에 내가 좋아하는 대구가 인천 부근에서도 잡히겠는걸."

② "여름철 폭염과 집중호우가 잦아진다는 얘기군. 대책이 필요하겠어."

③ "제방의 홍수방어 능력도 감소할 것 같고, 가뭄과 홍수가 보다 빈번해질 것 같아 걱정이 되는군."

④ "수온 상승으로 참치 가격이 내려가겠지만, 하천 밑바닥 저산소 현상으로 어류 생태계도 위험해질 수 있겠네."

⑤ "아프리카로 출장 가는 사람들의 예방 접종률이나 경각심 고취 등에는 도움이 될 만한 변화군."

12. 다음은 산재보험의 소멸과 관련된 글이다. 다음 보기 중 글의 내용을 틀리게 이해한 것은 무엇인가?

가. 보험관계의 소멸사유

- 사업의 폐지 또는 종료 : 사업이 사실상 폐지 또는 종료된 경우를 말하는 것으로 법인의 해산등기 완료, 폐업신고 또는 보험관계소멸신고 등과는 관계없음
- 직권소멸 : 근로복지공단이 보험관계를 계속해서 유지할 수 없다고 인정하는 경우에는 직권소멸 조치
- 임의가입 보험계약의 해지신청 : 사업주의 의사에 따라 보험계약해지 신청가능하나 신청 시기는 보험가입승인을 얻은 해당 보험 연도 종료 후 가능
- 근로자를 사용하지 아니할 경우 : 사업주가 근로자를 사용하지 아니한 최초의 날부터 1년이 되는 날의 다음날 소멸
- 일괄적용의 해지 : 보험가입자가 승인을 해지하고자 할 경우에는 다음 보험 연도 개시 7일 전까지 일괄적용해지신청서를 제출하여야 함

나. 보험관계의 소멸일 및 제출서류

(1) 사업의 폐지 또는 종료의 경우
- 소멸일 : 사업이 사실상 폐지 또는 종료된 날의 다음 날
- 제출서류 : 보험관계소멸신고서 1부
- 제출기한 : 사업이 폐지 또는 종료된 날의 다음 날부터 14일 이내

(2) 직권소멸 조치한 경우
- 소멸일 : 공단이 소멸을 결정·통지한 날의 다음날

(3) 보험계약의 해지신청
- 소멸일 : 보험계약해지를 신청하여 공단의 승인을 얻은 날의 다음 날
- 제출서류 : 보험관계해지신청서 1부

※ 다만, 고용보험의 경우 근로자(적용제외 근로자 제외) 과반수의 동의를 받은 사실을 증명하는 서류(고용보험 해지신청 동의서)를 첨부하여야 함

---

① 고용보험과 산재보험의 해지 절차가 같은 것은 아니다.

② 사업장의 사업 폐지에 따른 서류 및 행정상의 절차가 완료되어야 보험관계가 소멸된다.

③ 근로복지공단의 판단으로도 보험관계가 소멸될 수 있다.

④ 보험 일괄해지를 원하는 보험가입자는 다음 보험 연도 개시 일주일 전까지 서면으로 요청을 해야 한다.

⑤ 보험계약해지 신청에 대한 공단의 승인이 12월 1일에 났다면 그 보험계약은 12월 2일에 소멸된다.

|13~14| 다음 글을 읽고 물음에 답하시오.

저금리가 유지되고 있는 사회에서는 저축에 대한 사람들의 인식이 상당히 회의적이다. 저축은 미래의 소비를 위해 현재의 소비를 억제하는 것을 의미하는데, 이때 그 대가로 주어지는 것이 이자이다. 하지만 저금리 상황에서는 현재의 소비를 포기하는 대가로 보상받는 비용인 이자가 적기 때문에 사람들은 저축을 신뢰하지 못하게 되는 것이다.

화폐의 효용성과 합리적인 손익을 따져 본다면 저금리 시대의 저축률은 줄어드는 것이 당연하다. 물가 상승에 비해 금리가 낮을 때에는 시간이 경과할수록 화폐의 가치가 떨어지게 되어 저축으로부터 얻을 수 있는 실질적인 수익이 낮아지거나 오히려 손해를 입을 수 있기 때문이다.

그런데 한국은행이 발표한 최근 자료를 보면, 금리가 낮은 수준에 머물고 있을 때에도 저축률이 상승하였음을 알 수 있다. 금리가 낮은 시기인 2012~2014년에는 3.4%에서 6.1%까지 상승하는 추세를 보였다. 왜 그럴까? 사람들이 저축을 하는 데에는 단기적인 금전상의 이익 이외에 또 다른 요인이 작용하기 때문이다. 살아가다 보면 예기치 않은 소득 감소나 질병 등으로 인해 갑자기 돈이 필요한 상황이 생길 수 있다. 이자율이 낮다고 해서 돈이 필요한 상황에 대비할 필요가 없어지는 것은 아니다. 이런 점에서 볼 때 금리가 낮음에도 불구하고 사람들이 저축을 하는 것은 장래에 닥칠 위험을 대비하기 위한 적극적인 의지의 반영인 것이다.

저금리 상황 속에서 저축을 하지 않는 것이 당장은 경제적인 이득을 얻는 것처럼 보일 수 있다. 하지만 이는 미래에 쓸 수 있는 경제 자원을 줄어들게 만들고 개인의 경제적 상황을 오히려 악화시킬 수도 있다. 또한 고령화가 급격하게 진행되는 추세 속에서 노후 생활을 위한 소득 보장의 안전성을 저해하는 등 사회 전반의 불안감을 높일 수도 있다. 따라서 눈앞에 보이는 이익에만 치우쳐서 저축이 가지는 효용 가치를 단기적인 측면으로 한정해서 바라보아서는 안 된다.

우리의 의사 결정은 대개 미래가 불확실한 상황에서 이루어지며 우리가 직면하는 불확실성은 확률적으로도 파악하기 힘든 것이 대부분이다. 따라서 저축의 효용성은 단기적 이익보다 미래의 불확실성에 대비하기 위한 거시적 관점에서 그 중요성을 생각해야 한다.

---

13. 윗글에 대한 평가로 가장 적절한 것은?

① 핵심 개념을 소개한 후 관련 이론을 제시하고 있다.

② 주장을 여러 항목으로 나누어 순차적으로 제시하고 있다.

③ 전문 기관의 자료를 활용하여 논의의 근거로 삼고 있다.

④ 다양한 계층의 시각으로 균형 있는 정보를 제공하고 있다.

⑤ 유사한 사례를 비교하여 공통점과 차이점을 부각하고 있다.

14. 윗글의 글쓴이가 다음에 대해 보일 수 있는 반응으로 적절하지 않은 것은?

> 저축 이자율은 떨어지고 물가 상승률은 증가하면서 A는 저축을 하지 않고 있다. 하지만 B는 A에게 저축을 하는 것이 좋겠다고 조언한다.

① A가 저축을 하지 않는 이유는 화폐 가치의 하락을 우려하고 있기 때문이군.

② A가 저축을 하지 않는 이유는 당장의 경제적인 이익을 중요하게 생각하기 때문이군.

③ B가 저축을 해야 한다고 조언하는 이유는 단기적인 금전상의 이익이 아닌 또 다른 요인을 고려하기 때문이군.

④ B가 저축을 해야 한다고 조언하는 이유는 저축을 미래의 불확실성에 대비하기 위한 방안이라고 보기 때문이군.

⑤ B가 저축을 해야 한다고 조언하는 이유는 현재 소비를 포기한 대가로 받는 이자를 더 중요하게 생각하기 때문이군.

15. 甲의 견해에 근거할 때 정치적으로 가장 불안정할 것으로 예상되는 정치체제의 유형은?

> 민주주의 정치체제 분류는 선거제도와 정부의 권력구조(의원내각제 혹은 대통령제)를 결합시키는 방식에 따라 크게 A, B, C, D, E 다섯 가지 유형으로 나눌 수 있다. A형은 의원들이 비례대표제에 의해 선출되는 의원내각제의 형태다. 비례대표제는 총 득표수에 비례해서 의석수를 배분하는 방식이다. B형은 단순다수대표제 방식으로 의원들을 선출하는 의원내각제의 형태다. 단순다수대표제는 지역구에서 1인의 의원을 선출하는 방식이다. C형은 의회 의원들을 단순다수대표 선거제도에 의해 선출하는 대통령제 형태다. D형의 경우 의원들은 비례대표제 방식을 통해 선출하며 권력구조는 대통령제를 선택하고 있는 형태다. 마지막으로 E형은 일종의 혼합형으로 권력구조에서는 상당한 권한을 가진 선출직 대통령과 의회에 기반을 갖는 수상이 동시에 존재하는 형태다. 의회 의원은 단순다수대표제에 의해 선출된다.
>
> 한편 甲은 "한 국가의 정당체제는 선거제도에 의해 영향을 받는다. 민주주의 국가들에 대한 비교 연구 결과에 의하면 비례대표제를 의회 선거제도로 운용하고 있는 국가들의 정당체제는 대정당과 더불어 군소정당이 존립하는 다당제 형태가 일반적이다. 전국을 다수의 지역구로 나누고 그 지역구별로 1인을 선출하는 단순다수대표제의 경우 군소정당 후보자들에게 불리하며, 따라서 두 개의 지배적인 정당이 출현하는 양당제의 형태가 자리 잡게 된다. 또한 정치적 안정 여부는 정당체제가 어떤 권력 구조와 결합하는가에 따라 결정된다. 의원내각제는 양당제와 다당제 모두와 조화되어 정치적 안정을 도모할 수 있는 반면 혼합형과 대통령제의 경우 정당체제가 양당제일 경우에만 정치적으로 안정되는 현상을 보인다."라고 주장하였다.

① A형

② B형

③ C형

④ D형

⑤ E형

16. 다음 글의 내용과 일치하지 않는 것은?

우리는 흔히 나무와 같은 식물이 대기 중에 이산화탄소로 존재하는 탄소를 처리해 주는 것으로 알고 있지만, 바다 또한 중요한 역할을 한다. 예를 들어 수없이 많은 작은 해양생물들은 빗물에 섞인 탄소를 흡수한 후에 다른 것들과 합쳐서 껍질을 만드는 데 사용한다. 결국 해양생물들은 껍질에 탄소를 가두어 둠으로써 탄소가 대기 중으로 다시 증발해서 위험한 온실가스로 축적되는 것을 막아 준다. 이들이 죽어서 바다 밑으로 가라앉으면 압력에 의해 석회석이 되는데, 이런 과정을 통해 땅속에 저장된 탄소의 양은 대기 중에 있는 것보다 수만 배나 되는 것으로 추정된다. 그 석회석 속의 탄소는 화산 분출로 다시 대기 중으로 방출되었다가 빗물과 함께 땅으로 떨어진다. 이 과정은 오랜 세월에 걸쳐 일어나는데, 이것이 장기적인 탄소 순환과정이다. 특별한 다른 장애 요인이 없다면 이 과정은 원활하게 일어나 지구의 기후는 안정을 유지할 수 있다.

그러나 불행하게도 인간의 산업 활동은 자연이 제대로 처리할 수 없을 정도로 많은 양의 탄소를 대기 중으로 방출한다. 영국 기상대의 피터 쿡스에 따르면, 자연의 생물권이 우리가 방출하는 이산화탄소의 영향을 완충할 수 있는 데에는 한계가 있기 때문에, 그 한계를 넘어서면 이산화탄소의 영향이 더욱 증폭된다. 지구 온난화가 걷잡을 수 없이 일어나게 되는 것은 두려운 일이다. 지구 온난화에 적응을 하지 못한 식물들이 한꺼번에 죽어 부패해서 그 속에 가두어져 있는 탄소가 다시 대기로 방출되면 문제는 더욱 심각해질 것이기 때문이다.

① 식물이나 해양생물은 기후 안정성을 유지하는 데에 기여한다.
② 생명체가 지니고 있던 탄소는 땅속으로 가기도 하고 대기로 가기도 한다.
③ 탄소는 화산 활동, 생명체의 부패, 인간의 산업 활동 등을 통해 대기로 방출된다.
④ 극심한 오염으로 생명체가 소멸되면 탄소의 순환 고리가 끊겨 대기 중의 탄소도 사라진다.
⑤ 자연의 생물권은 대기 중 이산화탄소의 영향을 어느 정도 완충할 수 있다.

▌17~18▐ 다음 글을 읽고 물음에 답하시오.

지레는 받침과 지렛대를 이용하여 물체를 쉽게 움직일 수 있는 도구이다. 지레에서 힘을 주는 곳을 힘점, 지렛대를 받치는 곳을 받침점, 물체에 힘이 작용하는 곳을 작용점이라 한다. 받침점에서 힘점까지의 거리가 받침점에서 작용점까지의 거리에 비해 멀수록 힘점에 작은 힘을 주어 작용점에서 물체에 큰 힘을 가할 수 있다. 이러한 지레의 원리에는 돌림힘의 개념이 숨어 있다.

물체의 회전 상태에 변화를 일으키는 힘의 효과를 돌림힘이라고 한다. 물체에 회전 운동을 일으키거나 물체의 회전 속도를 변화시키려면 물체에 힘을 가해야 한다. 같은 힘이라도 회전축으로부터 얼마나 멀리 떨어진 곳에 가해 주느냐에 따라 회전 상태의 변화 양상이 달라진다. 물체에 속한 점 X와 회전축을 최단 거리로 잇는 직선과 직각을 이루는 동시에 회전축과 직각을 이루도록 힘을 X에 가한다고 하자. 이때 물체에 작용하는 돌림힘의 크기는 회전축에서 X까지의 거리와 가해 준 힘의 크기의 곱으로 표현되고 그 단위는 N · m(뉴턴미터)이다.

동일한 물체에 작용하는 두 돌림힘의 합을 알짜 돌림힘이라 한다. 두 돌림힘의 방향이 같으면 알짜 돌림힘의 크기는 두 돌림힘의 크기의 합이 되고 그 방향은 두 돌림힘의 방향과 같다. 두 돌림힘의 방향이 서로 반대이면 알짜 돌림힘의 크기는 두 돌림힘의 크기의 차가 되고 그 방향은 더 큰 돌림힘의 방향과 같다. 지레의 힘점에 힘을 주지만 물체가 지레의 회전을 방해하는 힘을 작용점에 주어 지레가 움직이지 않는 상황처럼, 두 돌림힘의 크기가 같고 방향이 반대이면 알짜 돌림힘은 0이 되고 이때를 돌림힘의 평형이라고 한다.

회전 속도의 변화는 물체에 알짜 돌림힘이 일을 해 주었을 때에만 일어난다. 돌고 있는 팽이에 마찰력이 일으키는 돌림힘을 포함하여 어떤 돌림힘도 작용하지 않으면 팽이는 영원히 돈다. 일정한 형태의 물체에 일정한 크기와 방향의 알짜 돌림힘을 가하여 물체를 회전시키면, 알짜 돌림힘이 한 일은 알짜 돌림힘의 크기와 회전 각도의 곱이고 그 단위는 J(줄)이다.

㉠ 가령, 마찰이 없는 여닫이문이 정지해 있다고 하자. 갑은 지면에 대하여 수직으로 서 있는 문의 회전축에서 1m 떨어진 지점을 문의 표면과 직각으로 300N의 힘으로 밀고, 을은 문을 사이에 두고 갑의 반대쪽에서 회전축에서 2m 만큼 떨어진 지점을 문의 표면과 직각으로 200N의 힘

으로 미는 상태에서 문이 90° 즉, 0.5π 라디안을 돌면, 알짜 돌림힘이 문에 해 준 일은 50π J이다.

알짜 돌림힘이 물체를 돌리려는 방향과 물체의 회전 방향이 일치하면 알짜 돌림힘이 양(+)의 일을 하고 그 방향이 서로 반대이면 음(−)의 일을 한다. 어떤 물체에 알짜 돌림힘이 양의 일을 하면 그만큼 물체의 회전 운동 에너지는 증가하고 음의 일을 하면 그만큼 회전 운동 에너지는 감소한다. 형태가 일정한 물체의 회전 운동 에너지는 회전 속도의 제곱에 정비례한다. 그러므로 형태가 일정한 물체에 알짜 돌림힘이 양의 일을 하면 회전 속도가 증가하고, 음의 일을 하면 회전 속도가 감소한다.

17. 윗글의 내용과 일치하지 않는 것은?

① 물체에 힘이 가해지지 않으면 돌림힘은 작용하지 않는다.
② 물체에 가해진 알짜 돌림힘이 0이 아니면 물체의 회전 상태가 변화한다.
③ 회전 속도가 감소하고 있는, 형태가 일정한 물체에는 돌림힘이 작용한다.
④ 힘점에 힘을 받는 지렛대가 움직이지 않으면 돌림힘의 평형이 이루어져 있다.
⑤ 형태가 일정한 물체의 회전 속도가 2배가 되면 회전 운동 에너지는 2배가 된다.

18. ㉠ 밑줄의 예에서 문이 90° 회전하는 동안의 상황에 대한 이해로 적절한 것은?

① 갑의 돌림힘의 크기는 을의 돌림힘의 크기보다 크다.
② 알짜 돌림힘과 갑의 돌림힘은 방향이 같다.
③ 문에는 돌림힘의 평형이 유지되고 있다.
④ 문의 회전 운동 에너지는 점점 증가한다.
⑤ 알짜 돌림힘의 크기는 점점 증가한다.

19. 다음은 A 공사의 연도별 임직원 현황에 관한 자료이다. 이에 대한 설명 중 옳은 것을 모두 고르면?

구분	연도	2021	2022	2023
국적	한국	9,566	10,197	9,070
	중국	2,636	3,748	4,853
	일본	1,615	2,353	2,749
	대만	1,333	1,585	2,032
	기타	97	115	153
	계	15,247	17,998	18,857
고용형태	정규직	14,173	16,007	17,341
	비정규직	1,074	1,991	1,516
	계	15,247	17,998	18,857
연령	20대 이하	8,914	8,933	10,947
	30대	5,181	7,113	6,210
	40대 이상	1,152	1,952	1,700
	계	15,247	17,998	18,857
직급	사원	12,365	14,800	15,504
	간부	2,801	3,109	3,255
	임원	81	89	98
	계	15,247	17,998	18,857

㉠ 매년 일본, 대만 및 기타 국적 임직원 수의 합은 중국 국적 임직원 수보다 많다.
㉡ 매년 전체 임직원 중 20대 이하 임직원이 차지하는 비중은 50% 이상이다.
㉢ 2022년과 2023년에 전년대비 임직원수가 가장 많이 증가한 국정은 모두 중국이다.
㉣ 2022년에 국적이 한국이면서 고용형태가 정규직이고 직급이 사원인 임직원은 5,000명 이상이다.

① ㉠㉡   ② ㉠㉢
③ ㉡㉣   ④ ㉠㉢㉣
⑤ ㉠㉡㉢㉣

┃20~21┃ 다음은 우리나라의 다문화 신혼부부의 남녀 출신국적별 비중을 나타낸 자료이다. 다음 자료를 보고 이어지는 물음에 답하시오.

□ 2017~2018년도 다문화 신혼부부 현황

(단위 : 쌍, %)

남편	2017	2018	아내	2017	2018
결혼건수	94,962 (100.0)	88,929 (100.0)	결혼건수	94,962 (100.0)	88,929 (100.0)
한국국적	72,514 (76.4)	66,815 (75.1)	한국국적	13,789 (14.5)	13,144 (14.8)
외국국적	22,448 (23.6)	22,114 (24.9)	외국국적	81,173 (85.5)	75,785 (85.2)

□ 부부의 출신국적별 구성비

(단위 : %)

남편		2017	2018	아내		2017	2018
출신국적별구성비	중국	44.2	43.4	출신국적별구성비	중국	39.1	38.4
	미국	16.9	16.8		베트남	32.3	32.6
	베트남	5.0	6.9		필리핀	8.4	7.8
	일본	7.5	6.5		일본	3.9	4.0
	캐나다	4.8	4.6		캄보디아	3.7	3.4
	대만	2.3	2.3		미국	2.3	2.6
	영국	2.1	2.2		태국	1.8	2.3
	파키스탄	2.2	1.9		우즈벡	1.3	1.4
	호주	1.8	1.7		대만	1.0	1.2
	프랑스	1.1	1.3		몽골	1.0	1.1
	뉴질랜드	1.1	1.1		캐나다	0.7	0.8
	기타	10.9	11.1		기타	4.4	4.6
계		99.9	99.8	계		99.9	100.2

20. 위의 자료를 바르게 해석한 것을 모두 고르면?

㉮ 2018년에는 우리나라 남녀 모두 다문화 배우자와 결혼하는 경우가 전년보다 감소하였다.
㉯ 다문화 신혼부부 전체의 수는 2018년에 전년대비 약 6.35%의 증감률을 보여, 증가하였음을 알 수 있다.
㉰ 전년대비 2018년에 출신국적별 구성비가 남녀 모두 증가한 나라는 베트남과 기타 국가이다.
㉱ 다문화 신혼부부 중, 중국인과 미국인 남편, 중국인과 베트남인 아내는 두 시기 모두 50% 이상의 비중을 차지한다.

① ㉮, ㉯, ㉰ ② ㉮, ㉯, ㉱
③ ㉮, ㉰, ㉱ ④ ㉯, ㉰, ㉱
⑤ ㉮, ㉯, ㉰, ㉱

21. 다음 중 일본인이 남편인 다문화 신혼부부의 수가 비교 시기 동안 변동된 수치는 얼마인가? (단, 신혼부부의 수는 소수점 이하 절삭하여 정수로 표시함)

① 246쌍 ② 235쌍
③ 230쌍 ④ 223쌍
⑤ 330쌍

22. 다음은 신재생 에너지 및 절약 분야 사업 현황이다. '신재생 에너지' 분야의 사업별 평균 지원액이 '절약' 분야의 사업별 평균 지원액의 5배 이상이 되기 위한 사업 수의 최대 격차는? (단, '신재생 에너지' 분야의 사업 수는 '절약' 분야의 사업 수보다 큼)

(단위 : 억 원, %, 개)

구분	신재생 에너지	절약	합
지원금(비율)	3,500(85.4)	600(14.6)	4,100(100.0)
사업 수	( )	( )	600

① 44개 ② 46개
③ 48개 ④ 54개
⑤ 56개

23. 다음은 P사의 계열사 중 철강과 지원 분야에 관한 자료이다. 다음을 이용하여 A, B, C 중 두 번째로 큰 값은? (단, 지점은 역할에 따라 실, 연구소, 공장, 섹션, 사무소 등으로 구분되며, 하나의 지점은 1천 명의 직원으로 조직된다.)

구분	그룹사	편제	직원 수(명)
철강	PO강판	1지점	1,000
철강	PONC	2지점	2,000
지원	PO메이트	실 10지점, 공장 A지점	( )
지원	PO터미날	실 5지점, 공장 B지점	( )
지원	PO기술투자	실 7지점, 공장 C지점	( )
지원	PO휴먼스	공장 6지점, 연구소 1지점	( )
지원	PO인재창조원	섹션 1지점, 사무소 1지점	2,000
지원	PO경영연구원	1지점	1,000
계		45지점	45,000

- PO터미날과 PO휴먼스의 직원 수는 같다.
- PO메이트의 공장 수는 PO휴먼스의 공장 수의 절반이다.
- PO메이트의 공장 수와 PO터미날의 공장 수를 합하면 PO기술투자의 공장 수와 같다.

① 3   ② 4
③ 5   ④ 6
⑤ 7

24. 다음은 사무용 물품의 조달단가와 구매 효용성을 나타낸 것이다. 20억 원 이내에서 구매예산을 집행한다고 할 때, 정량적 기대효과 총합의 최댓값은? (단, 각 물품은 구매하지 않거나, 1개만 구매 가능하며 구매효용성 = $\dfrac{\text{정량적 기대효과}}{\text{조달단가}}$ 이다.)

구분 \ 물품	A	B	C	D	E	F	G	H
조달단가(억 원)	3	4	5	6	7	8	10	16
구매 효용성	1	0.5	1.8	2.5	1	1.75	1.9	2

① 35   ② 36
③ 37   ④ 38
⑤ 39

25. 다음은 A시의 연도별로 앞으로 하고 싶은 여가활동에 대한 통계자료이다. 2023년에 2019년에 비해서 가장 높은 증가율을 보인 항목은?

(단위 : %)

항목 \ 연도	2019	2021	2023
여행	59.6	59.3	64.1
TV 및 DVD 시청	11.1	12.6	12.0
스포츠 활동	20.6	19.7	22.2
창작적 취미	15.6	17.3	16.3
자기개발	28.2	25.0	22.7

① 여행
② TV 및 DVD 시청
③ 스포츠 활동
④ 창작적 취미
⑤ 자기개발

26. 다음은 A~E 교통공사별로 정리된 총괄지표의 일부이다. 다음 총괄지표에 대한 설명으로 옳은 것은?

구분 \ 교통공사	A	B	C	D	E	합계
노선수(개)	( )	4	3	( )	1	19
역수(개)	284	( )	91	59	( )	570
영업거리(km)	308.0	115.0	83.0	63.0	21.0	590
차량 수(칸)	3,563	926	( )	362	84	5,403
승차실적	15,676	1,678	987	1,162	183	19,686
합계	19,839	2,837	1,632	1,649	( )	–

① 노선수가 가장 많은 교통공사의 역수가 나머지 교통공사의 역수의 합보다 크다.
② 역수가 가장 적은 곳은 D교통공사에 해당한다.
③ C교통공사의 차량 수는 423칸이다.
④ 승차실적이 높을수록 차량 수가 많다.
⑤ C교통공사의 노선수는 D교통공사의 노선수와 동일하다.

27. 다음은 2021~2023년도의 지방자치단체 재정력지수에 대한 자료이다. 매년 지방자치단체의 기준재정수입액이 기준재정수요액에 미치지 않는 경우, 중앙정부는 그 부족분만큼의 지방교부세를 당해년도에 지급한다고 할 때, 3년간 지방교부세를 지원받은 적이 없는 지방자치단체는 모두 몇 곳인가?

$$\left(\text{재정력지수} = \frac{\text{기준재정수입액}}{\text{기준재정수요액}}\right)$$

지방 자치단체 \ 연도	2021	2022	2021	평균
A시	1.106	1.088	1.010	1.068
B시	0.942	0.922	0.878	0.914
C시	0.896	0.860	0.810	0.855
D시	1.105	0.984	1.011	1.033
E시	0.772	0.737	0.681	0.730
F시	0.874	0.873	0.867	0.871
G시	0.843	0.837	0.832	0.837
H시	1.004	1.065	1.032	1.034
I시	0.417	0.407	0.458	0.427
J시	0.462	0.446	0.492	0.467
K시	0.581	0.693	0.675	0.650
L시	0.379	0.391	0.408	0.393
M시	0.319	0.330	0.320	0.323
N시	0.424	0.440	0.433	0.432
O시	0.653	0.642	0.664	0.653

① 0곳 ② 1곳
③ 2곳 ④ 3곳
⑤ 5곳

28. 다음은 푸르미네의 에너지 사용량과 연료별 탄소배출량 및 수종(樹種)별 탄소흡수량을 나타낸 것이다. 푸르미네 가족의 월간 탄소배출량과 나무의 월간 탄소흡수량을 같게 하기 위한 나무의 올바른 조합을 고르면?

■ 푸르미네의 에너지 사용량

연료	사용량
전기	420kWh/월
상수도	40㎥/월
주방용 도시가스	60㎥/월
자동차 가솔린	160ℓ/월

■ 연료별 탄소배출량

연료	탄소배출량
전기	0.1kg/kWh
상수도	0.2kg/㎥
주방용 도시가스	0.3kg/㎥
자동차 가솔린	0.5kg/ℓ

■ 수종별 탄소흡수량

수종	탄소흡수량
소나무	14kg/그루·월
벚나무	6kg/그루·월

① 소나무 4그루와 벚나무 12그루
② 소나무 6그루와 벚나무 9그루
③ 소나무 7그루와 벚나무 10그루
④ 소나무 8그루와 벚나무 6그루
⑤ 소나무 9그루와 벚나무 4그루

29. 다음은 A교통공사의 2023년도 철도서비스 모니터링에 대한 시행결과를 나타낸 그래프이다. 아래의 그래프를 분석한 내용으로 가장 적절하지 않은 것을 고르면?

구분	2019	2020	2021	2022	2023
종합결과	97.69	96.87	97.32	98.31	98.83
역	97.19	97.06	97.27	98.22	98.69
열차	98.36	97.33	98.83	99.15	99.51
계열사	97.11	96.23	95.99	97.63	98.14

① 철도서비스 모니터링 결과에서 역 부문의 경우 2023년은 2021년에 비해 1.42 정도 상승함을 알 수 있다.

② 철도서비스 모니터링 결과, 2023년도 열차 부문은 2023년도 계열사 부문에 비해 무려 0.57 정도 높음을 알 수 있다.

③ 2023년에 열차서비스 모니터링 3개 부문에서 열차부문이 시행결과 중 가장 높음을 알 수 있다.

④ 표를 참조하였을 시에 2019~2023년까지 철도서비스 모니터링 3개 부문(역, 열차, 계열사) 중 열차부문이 가장 높으며, 그 다음으로는 역 부문, 마지막으로 계열사 부문의 순서임을 알 수 있다.

⑤ 종합결과의 막대그래프에서 보면 철도서비스 모니터링에서 2023년은 2021년에 비해 1.51 상승함을 알 수 있다.

30. 지방에 거주하는 가영과 나영은 함께 서울에 방문하여 용산역에서 목포역까지 열차를 활용한 우정 휴가를 계획하고 있다. 아래의 표는 인터넷 사용법에 능숙한 가영과 나영이 서울-목포 간 열차종류 및 이에 해당하는 요소들을 배치해 알아보기 쉽게 도표화한 것이다. 아래의 표를 참조하여 이 둘이 선택할 수 있는 대안(열차종류)을 보완적 방식을 통해 고르면 어떠한 열차를 선택하게 되겠는가? (단, 각 대안에 대한 최종결과 값 수치에 대한 반올림은 없는 것으로 한다.)

평가 기준	중요도	열차 종류				
		A열차	B열차	C열차	D열차	E열차
경제성	60	3	5	4	6	6
디자인	40	9	7	2	4	5
서비스	20	8	4	3	4	4

① A열차

② B열차

③ C열차

④ D열차

⑤ E열차

31. ABC항공사는 서울-상해 직항 노선에 50명이 초과로 예약 승객이 발생하였다. 승객 모두는 비록 다른 도시를 경유해서라도 상해에 오늘 도착하기를 바라고 있다. 아래의 그림이 경유 항공편의 여유 좌석 수를 표시한 항공로일 때, 타 도시를 경유하여 상해로 갈 수 있는 최대의 승객 수는 구하면?

① 24명   ② 29명

③ 30명   ④ 33명

⑤ 37명

32. 다음은 A교통공사에서 제공하는 통계자료 중 철도통계연보(1994~1999년)의 일부를 발췌한 것이다. 아래의 자료를 참조하여 바르게 설명하지 않은 항목을 고르면?

연도	철도거리 (km)	역수	여객수송		화물수송		수송밀도
			인원	인-거리(km)	톤수	톤-거리(km)	
1994	3,101.2	610	729,003	28,858,887	57,866	14,070,366	13,842,788
1995	3,101.2	611	790,380	29,292,053	57,469	13,837,969	13,907,527
1996	3,120.4	624	819,542	29,579,653	53,527	12,946,839	13,628,539
1997	3,118.3	626	832,999	30,072,758	53,828	12,710,083	13,719,925
1998	3,124.7	630	829,050	32,976,466	43,345	10,372,301	13,872,937
1999	3,118.6	632	825,563	28,605,926	42,081	10,071,972	12,402,327

① 1994년부터 1999년까지 철도거리(Railway-km)는 증감을 반복하고 있다.

② 1994년부터 1999년까지 여객수송 인원(Passenger)은 감소하고 있는 반면에 화물수송의 톤수(Tons)는 매우 증가하고 있다.

③ 1994년부터 1999년 화물수송의 톤-거리(Ton-km)는 3,998,394 정도 감소하고 있음을 알 수 있다.

④ 1994년부터 1999년 사이의 수송밀도는 1,440,461 정도 감소되는 결과를 나타내고 있다.

⑤ 1994년부터 1999년까지 역의 수는 점차적으로 증가추세에 있다.

33. X 기업은 자사 컨테이너 트럭과 외주를 이용하여 Y 지점에서 Z 지점까지 월 평균 1,600TEU의 물량을 수송하는 서비스를 제공하고 있다. 아래의 운송조건에서 40feet용 트럭의 1일 평균 필요 외주 대수를 구하면 얼마인가?

• 1일 차량가동횟수 : 1일 2회
• 보유차량 대수 : 40feet 컨테이너 트럭 11대
• 차량 월 평균 가동일 수 : 25일

① 5대
② 7대
③ 8대
④ 10대
⑤ 12대

34. 다음의 기사는 EOQ에 관한 내용을 다루고 있다. 아래의 내용을 참조하여 ㉠에 들어갈 EOQ의 값을 구하면?

A카페의 이익률은 국내 편의점 프랜차이즈 기업인 B편의점의 지난해 영업이익률 3.6%, ROE 9.5%보다 양호하다. 같은 기간 국내 상장 기업(금융사 제외)의 평균 영업이익률과 ROE는 각각 5.8%, 6.1%였다.

A카페는 매장 증가에 따른 수익성 개선 못지않게 비용 절감에도 주력하고 있다. A카페측은 "경기도에 위치한 물류 창고에서 전국 가맹점에 주3회 원재료를 배송한다"며 "수요 예측에서 발주까지 재고를 최소화하는 경제적 주문량(EOQ, Economic Order Quantity)을 개발한 상태"라고 밝혔다. 지난해 A카페가 지출한 광고비는 38억 7000만원으로 판매비와 관리비(판관비)의 10.1%였다. 이는 업계 평균 16.5%보다 낮다.

다음으로, 낮은 원가율은 가맹점의 수익성을 높여준다. 프랜차이즈 가맹점의 매출액에서 재료비가 차지하는 비중을 원가율이라고 하는데, 통상적으로 이는 40~50%로 최대 항목을 차지한다. 재료비를 얼마나 낮추느냐는 프랜차이즈 가맹점주에게는 사활이 걸린 문제임을 알 수 있다. A카페 가맹점의 원가율은 35% 안팎으로 가장 낮은 수준으로 추정된다.

위의 사례에서 보듯이 EOQ(economic order quantity ; 경제적 주문량)는 쉽게 말하면 주문비용과 재고유지비가 최소가 되게 하는 1회 주문량을 의미한다. 주로 재고관리 비용이 가장 경제적으로 투입되는 재고수준을 유지하기 위한 목적으로 활용되며, 재고관리 의사결정에 필요한 측정값을 빠르고 쉽게 얻을 수 있고, 상황에 맞게 조정·응용할 수 있으므로, 재고분석을 위한 계량적인 모형으로 널리 이용되는 모델이다.

이러한 경제적 주문량의 공식은 $EOQ = \sqrt{\dfrac{2C_oD}{C_h}}$ 으로 나타내며, C_h : 재고유지비용, C_o : 주문비용, D : 연간수요량을 각각 나타낸다.

아래의 자료를 활용하여 경제적 주문량을 구하면 ㉠ 이다.

• 연간 사용량 = 5,000kg
  (연중사용량은 안정적이고 평준화되어 있음)
• 구입단가 = 1,000원/kg
• 주문비용 = 20,000원/회
• 재고유지비용 = 200원/kg/년

① 1,000
② 10,000
③ 5,000
④ 50,000
⑤ 100,000

35. 차고 및 A, B, C 간의 거리는 아래의 표와 같다. 차고에서 출발하여 A, B, C 3개의 수요지를 각각 1대의 차량이 방문하는 경우에 비해, 1대의 차량으로 3개의 수요지를 모두 방문하고 차고지로 되돌아오는 경우, 수송 거리가 최대 몇 km 감소되는가?

구분	A	B	C
차고	10	13	12
A	–	5	10
B	–	–	7

① 24km
② 30km
③ 36km
④ 46km
⑤ 58km

36. 다음에 제시된 명제들이 모두 참일 경우, 이 조건들에 따라 내릴 수 있는 결론으로 적절한 것은?

> ㉠ 인사팀을 좋아하지 않는 사람은 생산팀을 좋아한다.
> ㉡ 기술팀을 좋아하지 않는 사람은 홍보팀을 좋아하지 않는다.
> ㉢ 인사팀을 좋아하는 사람은 비서실을 좋아하지 않는다.
> ㉣ 비서실을 좋아하지 않는 사람은 홍보팀을 좋아한다.

① 홍보팀을 싫어하는 사람은 인사팀을 좋아한다.
② 비서실을 싫어하는 사람은 생산팀도 싫어한다.
③ 기술팀을 싫어하는 사람은 생산팀도 싫어한다.
④ 생산팀을 좋아하는 사람은 기술팀을 싫어한다.
⑤ 생산팀을 좋아하지 않는 사람은 기술팀을 좋아한다.

37. 조향사인 수호는 여러 가지 향기 시료를 조합하여 신상품을 개발하고 있다. 다음을 근거로 판단할 때, 수호가 시료 조합을 통해 만들 수 있는 향기로 옳지 않은 것은?

> • 수호는 현재 딸기향, 바다향, 바닐라향, 파우더향, 커피향 시료를 10㎖씩 가지고 있다.
> • 시료는 한 번 조합할 때 10㎖를 사용하며, 이미 조합한 시료를 다시 조합할 수 있다.
> • 시료는 2개씩만 조합할 수 있고, 서로 다른 향기의 시료를 조합하면 다음과 같이 향이 변한다.
> – 딸기향 시료와 바다향 시료를 조합하면, 모두 숲속향 시료가 된다.
> – 딸기향 시료와 바닐라향 시료를 조합하면 두 층으로 분리되며 각각 딸기향 시료와 베리향 시료가 된다.
> – 바다향 시료와 바닐라향 시료를 조합하면 두 층으로 분리되며 각각 바다향 시료와 나무향 시료가 된다.
> – 파우더향 시료를 다른 향기의 시료와 조합하면, 모두 그 다른 향기의 시료가 된다.
> – 커피향 시료를 다른 향기의 시료와 조합하면, 모두 커피향 시료가 된다.

① 딸기향 10㎖, 바다향 10㎖, 숲속향 20㎖, 커피향 10㎖
② 베리향 10㎖, 바다향 10㎖, 바닐라향 10㎖, 커피향 20㎖
③ 딸기향 10㎖, 베리향 10㎖, 바다향 20㎖, 커피향 10㎖
④ 숲속향 30㎖, 나무향 10㎖, 커피향 10㎖
⑤ 딸기향 20㎖, 나무향 10㎖, 커피향 20㎖

38. 5명(A ~ E)이 다음 규칙에 따라 게임을 하고 있다. 4→
1→1의 순서로 숫자가 호명되어 게임이 진행되었다면 네 번째
술래는?

- A→B→C→D→E 순으로 반시계방향으로 동그랗게 앉
  아있다.
- 한 명의 술래를 기준으로, 술래는 항상 숫자 3을 배정받
  고, 반시계방향으로 술래 다음 사람이 숫자 4를, 그 다음
  사람이 숫자 5를, 술래 이전 사람이 숫자 2를, 그 이전 사
  람이 숫자 1을 배정받는다.
- 술래는 1 ~ 5의 숫자 중 하나를 호명하고, 호명된 숫자에
  해당하는 사람이 다음 술래가 된다. 새로운 술래를 기준으로
  다시 위의 조건에 따라 숫자가 배정되며 게임이 반복된다.
- 첫 번째 술래는 A다.

① A   ② B
③ C   ④ D
⑤ E

┃39~40┃ 다음은 K지역의 지역방송 채널 편성정보이다.
다음을 보고 이어지는 물음에 답하시오.

[지역방송 채널 편성규칙]
- K지역의 지역방송 채널은 채널1, 채널2, 채널3, 채널4
  네 개이다.
- 오후 7시부터 12시까지는 다음을 제외한 모든 프로그램
  이 1시간 단위로만 방송된다.

시사정치	기획물	예능	영화 이야기	지역 홍보물
최소 2시간 이상	1시간 30분	40분	30분	20분

- 모든 채널은 오후 7시부터 12시까지 뉴스 프로그램이 반
  드시 포함되어 있다.

[오후 7시~12시 프로그램 편성내용]
- 채널1은 3개 프로그램이 방송되었으며, 9시 30분부터 시
  사정치를 방송하였다.
- 채널2는 시사정치와 지역 홍보물 방송이 없었으며, 기획
  물, 예능, 영화 이야기가 방송되었다.

- 채널3은 6시부터 시작한 시사정치 방송이 9시에 끝났으며,
  바로 이어서 뉴스가 방송되었고 기획물도 방송되었다.
- 채널4에서는 예능 프로그램이 연속 2회 편성되었고, 예능
  을 포함한 4종류의 프로그램이 방송되었다.

39. 다음 중 위의 자료를 참고할 때, 오후 7시~12시까지의
방송 프로그램에 대하여 바르게 설명하지 못한 것은? (단, 프로
그램의 중간에 광고방송 시간은 고려하지 않는다.)

① 채널1에서 기획물이 방송되었다면 예능은 방송되지 않았다.
② 채널2는 정확히 12시에 프로그램이 끝나며 새로 시작되는
   프로그램이 있을 수 없다.
③ 채널3에서 영화 이야기가 방송되었다면, 정확히 12시에
   어떤 프로그램이 끝나게 된다.
④ 채널4에서 예능 프로그램이 연속 2회 방송되기 위해서는
   반드시 뉴스보다 먼저 방송되어야 한다.
⑤ 채널4에서 영화 이야기가 방송되었다면 시사정치도 방송
   되었다.

40. 다음 중 각 채널별로 정각 12시에 방송하던 프로그램을
마치기 위한 방법을 설명한 것으로 옳지 않은 것은? (단, 프로
그램의 중간에 광고방송 시간은 고려하지 않는다.)

① 채널1에서 기획물을 방송한다면 시사정치를 2시간 반만
   방송한다.
② 채널2에서 지역 홍보물 프로그램을 추가한다.
③ 채널3에서 영화 이야기 프로그램을 추가한다.
④ 채널4에서 시사정치를 적어도 11시 반까지는 방송한다.
⑤ 채널2에서 영화 이야기 프로그램 편성을 취소한다.

41. 다음은 L사(社)의 사내 전화번호부 사용법과 일부 직원들의 전화번호이다. 신입사원인 A씨가 다음 내용을 보고 판단한 것으로 적절하지 않은 것은 어느 것인가?

- 일반 전화걸기 : 회사 외부로 전화를 거는 경우 수화기를 들고 9번을 누른 후 지역번호부터 누른다.
- 타 직원에게 전화 돌려주기 : 수화기를 들고 # 버튼을 누른 후 원하는 직원의 내선번호를 누른다.
- 직원 간 내선통화 : 수화기를 들고 직원의 내선번호를 누른다.
- 전화 당겨 받기 : 수화기를 들고 * 버튼을 두 번 누른다.
- 통화대기 : 통화 도중 통화대기 버튼을 누르고 수화기를 내린다. 다시 통화하려면 수화기를 들고 통화대기 버튼을 누른다.

부서	이름	내선번호	부서	이름	내선번호
기획팀	신 과장	410	총무팀	김 과장	704
	최 대리	413	영업1팀	신 대리	513
인사팀	김 사원	305		오 사원	515
	백 대리	307	영업2팀	이 대리	105
마케팅팀	이 부장	201		정 과장	103

① 내선번호에는 조직의 편제에 따른 구분이 감안되어 있다.

② 통화 중인 이 부장과의 통화를 위해 대기 중이던 김 과장은 이 부장의 통화가 끝나면 수화기를 들고 201을 눌러야 한다.

③ 신 대리에게 걸려 온 전화를 오 사원이 당겨 받으려면 신 대리의 내선번호를 누르지 않아도 된다.

④ 최 대리가 이 대리에게 전화를 연결해 주려면 반드시 105번을 눌러야 한다.

⑤ 통화 중이던 백 대리가 # 버튼을 누르게 되면 상대방은 아직 통화가 끝나지 않은 것이다.

42. ○○커피에 근무하는 甲은 신규 매장 오픈을 위한 위치 선정을 하고 있다. 다음은 기존 매장의 위치를 표시한 것으로 아래의 조건에 따라 신규 매장 위치를 선정한다고 할 때, ⓐ~ⓔ 중 신규 매장이 위치할 수 없는 곳은 어디인가?

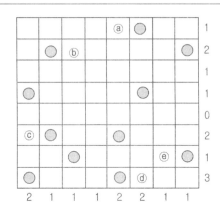

- 신규 매장은 바로 인접한 하나의 기존 매장으로부터 재료를 반드시 공급받아야 하고, 대각선 방향의 기존 매장은 이용할 수 없다.
- 기존 매장 하나는 하나의 신규 매장에만 재료를 공급할 수 있으며, 두 개의 신규 매장은 인접해서 위치하지 않고 대각선으로도 놓여있지 않다.
- 그림 밖의 숫자는 가로, 세로 줄에 위치할 신규 매장 수이다.

① ⓐ   ② ⓑ

③ ⓒ   ④ ⓓ

⑤ ⓔ

43. K연금공단은 다음 기준에 따라 사망조위금을 지급하고 있다. 기준을 근거로 판단할 때 옳게 판단한 직원을 모두 고르면? (단, 사망조위금은 최우선 순위의 수급권자 1인에게만 지급한다)

〈사망조위금 지급기준〉

사망자	수급권자 순위	
공무원 배우자·부모 (배우자의 부모 포함)·자녀	해당 공무원이 1인인 경우	해당 공무원
	해당 공무원이 2인 이상인 경우	1. 사망한 자의 배우자인 공무원 2. 사망한 자를 부양하던 직계비속인 공무원 3. 사망한 자의 최근친 직계비속인 공무원 중 최연장자 4. 사망한 자의 최근친 직계비속의 배우자인 공무원 중 최연장자 직계비속의 배우자인 공무원

공무원 본인	1. 사망한 공무원의 배우자
	 2. 사망한 공무원의 직계비속 중 공무원
	 3. 장례와 제사를 모시는 자 중 아래의 순위
	    가. 사망한 공무원의 최근친 직계비속 중 최연장자
	    나. 사망한 공무원의 최근친 직계존속 중 최연장자
	    다. 사망한 공무원의 형제자매 중 최연장자	

甲 : A와 B는 비(非)공무원 부부이며 공무원 C(37세)와 공무원 D(32세)를 자녀로 두고 있다. 공무원 D가 부모님을 부양하던 상황에서 A가 사망하였다면, 사망조위금 최우선 순위 수급권자는 D이다.

乙 : A와 B는 공무원 부부로 비공무원 C를 아들로 두고 있으며, 공무원 D는 C의 아내이다. 만약 C가 사망하였다면, 사망조위금 최우선 순위 수급권자는 A이다.

丙 : 공무원 A와 비공무원 B는 부부이며 비공무원 C(37세)와 비공무원 D(32세)를 자녀로 두고 있다. A가 사망하고 C와 D가 장례와 제사를 모시는 경우, 사망조위금 최우선 순위 수급권자는 C이다.

① 甲   ② 乙
③ 丙   ④ 甲, 乙
⑤ 甲, 丙

┃44~45┃ 다음 설명을 읽고 물음에 답하시오.

SWOT분석이란 기업의 환경 분석을 통해 마케팅 전략을 수립하는 기법이다. 조직 내부 환경으로는 조직이 우위를 점할 수 있는 강점(Strength), 조직의 효과적인 성과를 방해하는 자원·기술·능력 면에서의 약점(Weakness), 조직 외부 환경으로는 조직 활동에 이점을 주는 기회(Opportunity), 조직 활동에 불이익을 미치는 위협(Threat)으로 구분된다.

※ SWOT분석에 의한 마케팅 전략
  ㉠ SO전략(강점-기회전략) : 시장의 기회를 활용하기 위해 강점을 사용하는 전략
  ㉡ ST전략(강점-위협전략) : 시장의 위협을 회피하기 위해 강점을 사용하는 전략
  ㉢ WO전략(약점-기회전략) : 약점을 극복함으로 시장의 기회를 활용하려는 전략
  ㉣ WT전략(약점-위협전략) : 시장의 위협을 회피하고 약점을 최소화하는 전략

44. 다음은 A화장품 기업의 SWOT분석이다. 가장 적절한 전략은?

강점 (Strength)	• 화장품과 관련된 높은 기술력 보유 • 기초화장품 전문 브랜드라는 소비자인식과 높은 신뢰도
약점 (Weakness)	• 알레르기성 피부 관련 비건 화장품 라인의 후발주자 • 용량 대비 높은 가격
기회 (Opportunity)	• 비건 화장품에 대한 인식변화와 화장품 시장의 지속적인 성장 • 화장품 분야에 대한 정부의 지원
위협 (Threat)	• 경쟁업체들의 비건 화장품 시장 공략 • 내수경기 침체로 인한 소비심리 위축

① SO전략 : 기초화장품 기술력을 통한 경쟁적으로 비건 기초화장품을 개발
② ST전략 : 유통비조정을 통한 제품의 가격 조정
③ WO전략 : 비건화장품 이외의 라인에 주력하여 경쟁력 강화
④ WT전략 : 정부의 지원을 통한 제품의 가격 조정
⑤ WT전략 : 독자적인 기술을 상용화하기 위해 원가절감으로 가격대비 놀라운 상품성으로 경쟁

45. 다음은 의류 인터넷쇼핑몰의 SWOT분석이다. 가장 적절한 전략은?

강점 (Strength)	• 쉽고 빠른 제품선택 및 시·공간의 제약 없음 • 오프라인 매장이 없어 비용 절감 • 고객데이터 활용의 편리성
약점 (Weakness)	• 높은 마케팅 비용 • 보안 및 결제시스템의 취약점 • 낮은 진입 장벽으로 경쟁업체 난립
기회 (Opportunity)	• 의류 쇼핑 플랫폼과 제휴를 통해 상생 경영 • IT기술 발달로 다양한 홍보채널의 발달
위협 (Threat)	• 경기 침체의 가변성 • 정보기술의 발달로 가격경쟁의 치열화로 이익의 하락 • 일부 업체로의 집중화에 의한 독과점 발생

① SO전략 : 경쟁사와 합병을 통해 마케팅비용을 줄인다.

② ST전략 : 다양한 홍보채널을 이용하여 가격경쟁력을 높인다.

③ WO전략 : 의류 쇼핑 플랫폼과 제휴를 맺어 경쟁력을 높인다.

④ WT전략 : 고객데이터를 이용하여 이벤트를 주기적으로 열어 경쟁력을 높인다.

⑤ WT전략 : 시장점유율과 관련된 객관적 자료를 통해 인지도를 쌓는다.

46. 다음을 근거로 판단할 때, 도형의 모양으로 옳은 것은?

5명의 학생은 5개 도형 A~E의 모양을 맞히는 게임을 하고 있다. 5개의 도형은 모두 서로 다른 모양을 가지며 각각 삼각형, 사각형, 오각형, 원 중 하나의 모양으로 이루어진다. 학생들에게 아주 짧은 시간 동안 5개의 도형을 보여준 후 도형의 모양을 2개씩 진술하게 하였다. 학생들이 진술한 도형의 모양은 다음과 같고, 모두 하나씩만 정확하게 맞혔다.

〈진술〉

甲 : C = 삼각형, D = 사각형
乙 : B = 오각형, E = 사각형
丙 : C = 원,　　 D = 오각형
丁 : A = 육각형, E = 사각형
戊 : A = 육각형, B = 삼각형

① A = 육각형, D = 사각형

② B = 오각형, C = 삼각형

③ A = 삼각형, E = 사각형

④ C = 오각형, D = 원

⑤ D = 오각형, E = 육각형

47. 다음은 이야기 내용과 그에 관한 설명이다. 이야기에 관한 설명 중 이야기 내용과 일치하는 것은 모두 몇 개인가?

[이야기 내용]

장애 아동을 위한 특수학교가 있다. 그 학교에는 키 성장이 멈추거나 더디어서 110cm 미만인 아동이 10명, 심한 약시로 꾸준한 치료와 관리가 필요한 아동이 10명 있다. 키가 110cm 미만인 아동은 모두 특수 스트레칭 교육을 받는다. 그리고 특수 스트레칭 교육을 받는 아동 중에는 약시인 아동은 없다. 이 학교에는 특수 영상장치가 설치된 학급은 한 개 뿐이고, 약시인 어떤 아동은 특수 영상장치가 설치된 학급에서 교육을 받는다. 숙이, 철이, 석이는 모두 이 학교에 다니는 아동이다.

[이야기에 관한 설명]

1. 이 학교의 총 학생 수는 20명이다.
2. 특수 스트레칭 교육을 받는 아동은 최소 10명이다.
3. 특수 스트레칭 교육을 받는 아동은 특수 영상장치가 설치된 학급에서 교육을 받는다.
4. 이 학교의 학급 수는 2개이다.
5. 석이의 키가 100cm라면, 석이는 약시가 아니다.
6. 숙이, 철이, 석이 모두 약시라면 세 사람은 같은 교실에서 교육을 받는다.

① 0개

② 1개

③ 2개

④ 3개

⑤ 4개

48. 다음을 근거로 판단할 때, 36개의 로봇 중 가장 빠른 로봇 1, 2위를 선발하기 위해 필요한 최소 경기 수는?

- 전국 로봇달리기 대회에 36개의 로봇이 참가한다.
- 경주 레인은 총 6개이고, 경기당 각 레인에 하나의 로봇만 배정할 수 있으나, 한 경기에 모든 레인을 사용할 필요는 없다.
- 배정된 레인 내에서 결승점을 먼저 통과하는 순서대로 순위를 정한다.
- 속력과 시간의 측정은 불가능하고, 오직 경기 결과에 의해서만 순위를 결정한다.
- 로봇별 속력은 모두 다르고 각 로봇의 속력은 항상 일정하다.
- 로봇의 고장과 같은 다른 요인은 경기 결과에 영향을 미치지 않는다.

① 7경기   ② 8경기
③ 9경기   ④ 10경기
⑤ 11경기

49. 다음은 T전자회사가 기획하고 있는 '전자제품 브랜드 인지도에 관한 설문조사'를 위하여 작성한 설문지의 표지 글이다. 다음 표지 글을 참고할 때, 설문조사의 항목에 포함되기에 가장 적절하지 않은 것은?

[전자제품 브랜드 인지도에 관한 설문조사]

안녕하세요? T전자회사 홍보팀입니다.

저희 T전자에서는 고객들에게 보다 나은 제품을 제공하기 위하여 전자제품 브랜드 인지도에 대한 고객 분들의 의견을 청취하고자 합니다.

전자제품 브랜드에 대한 여러분의 의견을 수렴하여 더 좋은 제품과 서비스를 공급하고자 하는 것이 이 설문조사의 목적입니다.

바쁘시더라도 잠시 시간을 내어 본 설문조사에 응해주시면 감사하겠습니다. 응답해 주신 사항에 대한 철저한 비밀보장을 약속드립니다.

감사합니다.

T전자회사 홍보팀 담당자 홍길동
전화번호 : 1588-0000

① 귀하는 T전자회사의 브랜드인 'ABC'를 알고 계십니까?
　　㉠ 예　　　　　　　　㉡ 아니오

② 귀하가 주로 이용하는 전자제품은 어느 회사 제품입니까?
　　㉠ T전자회사
　　㉡ R전자회사
　　㉢ M전자회사
　　㉣ 기타(　　　)

③ 귀하에게 전자제품 브랜드 선택에 가장 큰 영향을 미치는 요인은 무엇입니까?
　　㉠ 광고
　　㉡ 지인 추천
　　㉢ 기존 사용 제품
　　㉣ 기타 (　　　)

④ 귀하가 일상생활에 가장 필수적이라고 생각하시는 전자제품은 무엇입니까?
　　㉠ TV　　㉡ 통신기기　　㉢ 청소용품　　㉣ 주방용품

⑤ 귀하는 전자제품의 품목별 브랜드를 달리 선택하는 편입니까?
　　㉠ 예　　　　　　　　㉡ 아니오

50. 다음은 「개인정보 보호법」과 관련한 사법 행위의 내용을 설명하는 글이다. 다음 글을 참고할 때, '공표' 조치에 대한 올바른 설명이 아닌 것은?

「개인정보 보호법」위반과 관련한 행정처분의 종류에는 처분 강도에 따라 과태료, 과징금, 시정조치, 개선권고, 징계권고, 공표 등이 있다. 이 중, 공표는 행정질서 위반이 심하여 공공에 경종을 울릴 필요가 있는 경우 명단을 공표하여 사회적 낙인을 찍게 함으로써 경각심을 주는 제재 수단이다.

「개인정보 보호법」위반행위가 은폐·조작, 과태료 1천만원 이상, 유출 등 다음 7가지 공표기준에 해당하는 경우, 위반행위자, 위반행위 내용, 행정처분 내용 및 결과를 포함하여 개인정보 보호위원회의 심의·의결을 거쳐 공표한다.

※ 공표기준

1. 1회 과태료 부과 총 금액이 1천만 원 이상이거나 과징금 부과를 받은 경우
2. 유출·침해사고의 피해자 수가 10만 명 이상인 경우
3. 다른 위반행위를 은폐·조작하기 위하여 위반한 경우
4. 유출·침해로 재산상 손실 등 2차 피해가 발생하였거나 불법적인 매매 또는 건강 정보 등 민감 정보의 침해로 사회적 비난이 높은 경우
5. 위반행위 시점을 기준으로 위반 상태가 6개월 이상 지속된 경우
6. 행정처분 시점을 기준으로 최근 3년 내 과징금, 과태료 부과 또는 시정조치 명령을 2회 이상 받은 경우
7. 위반행위 관련 검사 및 자료제출 요구 등을 거부·방해하거나 시정조치 명령을 이행하지 않음으로써 이에 대하여 과태료 부과를 받은 경우

공표절차는 과태료 및 과징금을 최종 처분할 때 ① 대상자에게 공표 사실을 사전 통보, ② 소명자료 또는 의견 수렴 후 개인정보보호위원회 송부, ③ 개인정보보호위원회 심의·결, ④ 홈페이지 공표 순으로 진행된다.

공표는 행정안전부장관의 처분 권한이지만 개인정보보호위원회의 심의·의결을 거치게 함으로써 「개인정보 보호법」 위반자에 대한 행정청의 제재가 자의적이지 않고 공정하게 행사되도록 조절해 주는 장치를 마련하였다.

① 공표는 「개인정보 보호법」 위반에 대한 가장 무거운 행정조치이다.
② 행정안전부장관이 공표를 결정한다고 해서 반드시 최종 공표 조치가 취해져야 하는 것은 아니다.
③ 공표 조치가 내려진 대상자는 공표와 더불어 반드시 1천만 원 이상의 과태료를 납부하여야 한다.
④ 공표 조치를 받는 대상자는 사전에 이를 통보받게 된다.
⑤ 반복적이거나 지속적인 위반 행위에 대한 제재는 공표 조치의 취지에 포함된다.

>>> 철도관련법령

51. 철도산업발전기본법상 철도시설에 포함되지 않는 것은?

① 차량정비기지 및 차량유치시설
② 철도여객을 위한 오락시설
③ 철도경영연수 및 철도전문인력의 교육훈련을 위한 시설
④ 철도의 선로에 부대되는 시설
⑤ 철도기술의 개발·시험 및 연구를 위한 시설

52. 철도산업발전기본법령상 철도협회의 업무를 모두 고르면?

　㉠ 협회 정관으로 정하는 업무
　㉡ 정책 및 기술개발의 지원
　㉢ 해외철도 진출을 위한 현지조사 및 지원
　㉣ 철도운영의 기술지원에 관한 업무
　㉤ 지방자치단체의 위탁사업
　㉥ 철도산업의 개혁에 관한 정책 업무

① ㉠㉡㉢㉣
② ㉠㉡㉢㉤
③ ㉠㉡㉣㉤㉥
④ ㉡㉢㉣㉤㉥
⑤ ㉠㉡㉢㉣㉤㉥

53. 철도산업발전기본법령상 철도의 관리청은?

① 해당 지방자치단체의 장
② 국토교통부장관
③ 국가철도공단
④ 철도청
⑤ 한국철도공사

54. 철도산업발전기본법령상 보상계약에 포함되어야 할 사항이 아닌 것은?

① 원인제공자와 철도운영자가 필요하다고 합의하는 사항

② 계약기간 및 계약기간의 수정·갱신과 계약의 해지에 관한 사항

③ 공익서비스 제공과 관련하여 원인제공자가 부담하여야 하는 보상방법 등에 관한 사항

④ 국토교통부장관이 제안한 보상내용 및 보상방법 등에 관한 사항

⑤ 철도운영자가 제공하는 철도서비스의 기준과 내용에 관한 사항

55. 한국철도공사법령상 대리·대행인을 해임한 경우에 해임한 뜻을 등기해야 하는 기간은?

① 7일
② 14일
③ 15일
④ 21일
⑤ 30일

56. 한국철도공사법령상 국유재산의 전대에 대한 설명으로 옳은 것은?

① 공사는 필요할 경우 대부받은 국유재산을 국유재산관리청장의 승인을 받아 전대할 수 있다.

② 공사의 사업 수행에 필요한 경우일라도 시설물은 절대로 축조할 수 없다.

③ 전대를 받은 자는 전대 받은 재산을 다른 사람에게 대부하거나 사용·수익하게 하지 못한다.

④ 공사는 사용·수익을 허가받은 국유재산 전대를 변경할 경우에는 기획재정부에 신청서를 제출하여야 한다.

⑤ 전대를 받은 자는 해당 재산에 건물이나 그 밖의 영구시설물을 축조할 수 있다.

57. 철도사업법상 국토교통부장관이 사업용철도노선을 지정·고시해야 하는 사항에 포함되지 않는 것은?

① 정차역
② 노선번호
③ 철도시설
④ 중요 경과지
⑤ 기점 및 종점

58. 다음 중 철도사업법령상 철도사업자가 여객에게 부가운임을 징수할 수 있는 경우는?

① 여객이 승차 구간을 변경한 경우

② 여객이 30명 이상 단체로 열차를 이용한 경우

③ 여객이 열차를 예약하고 이용하지 아니한 경우

④ 여객 유치를 위한 기념행사일의 경우

⑤ 여객이 정당한 운임·요금을 지급하지 않고 열차를 이용한 경우

59. 철도사업법상 철도사고로 인하여 면허취소 또는 사업정지 등의 처분대상이 되는 사상자 수는?

① 1회 철도사고로 사망자 3명 이상이 발생하게 된 경우

② 1회 철도사고로 사망자 5명 이상이 발생하게 된 경우

③ 1회 철도사고로 사망자 7명 이상이 발생하게 된 경우

④ 2회 철도사고로 사망자 9명 이상이 발생하게 된 경우

⑤ 2회 철도사고로 사망자 11명 이상이 발생하게 된 경우

60. 철도사업법령상 국토교통부장관은 국가가 재정을 지원한 민자철도의 건설 및 유지·관리 현황에 관한 보고서를 작성하여 언제까지 국회 소관 상임위원회에 제출하여야 하는가?

① 매년 3월 31일까지
② 매년 5월 31일까지
③ 매년 6월 30일까지
④ 매년 9월 30일까지
⑤ 매년 12월 31일까지

코레일(한국철도공사) 필기시험

성 명

아래에 문구를 빈칸에 정자로 기재하시오.

햇볕이 쏟아지는 가을날에 신선한 바람을 맞으며 하루를 보낸다.

필적확인란 :

직업기초능력평가

번호	1	2	3	4	5		번호	1	2	3	4	5
1	①	②	③	④	⑤		16	①	②	③	④	⑤
2	①	②	③	④	⑤		17	①	②	③	④	⑤
3	①	②	③	④	⑤		18	①	②	③	④	⑤
4	①	②	③	④	⑤		19	①	②	③	④	⑤
5	①	②	③	④	⑤		20	①	②	③	④	⑤
6	①	②	③	④	⑤		21	①	②	③	④	⑤
7	①	②	③	④	⑤		22	①	②	③	④	⑤
8	①	②	③	④	⑤		23	①	②	③	④	⑤
9	①	②	③	④	⑤		24	①	②	③	④	⑤
10	①	②	③	④	⑤		25	①	②	③	④	⑤
11	①	②	③	④	⑤		26	①	②	③	④	⑤
12	①	②	③	④	⑤		27	①	②	③	④	⑤
13	①	②	③	④	⑤		28	①	②	③	④	⑤
14	①	②	③	④	⑤		29	①	②	③	④	⑤
15	①	②	③	④	⑤		30	①	②	③	④	⑤

번호	1	2	3	4	5		번호	1	2	3	4	5
31	①	②	③	④	⑤		46	①	②	③	④	⑤
32	①	②	③	④	⑤		47	①	②	③	④	⑤
33	①	②	③	④	⑤		48	①	②	③	④	⑤
34	①	②	③	④	⑤		49	①	②	③	④	⑤
35	①	②	③	④	⑤		50	①	②	③	④	⑤
36	①	②	③	④	⑤							
37	①	②	③	④	⑤							
38	①	②	③	④	⑤							
39	①	②	③	④	⑤							
40	①	②	③	④	⑤							
41	①	②	③	④	⑤							
42	①	②	③	④	⑤							
43	①	②	③	④	⑤							
44	①	②	③	④	⑤							
45	①	②	③	④	⑤							

철도관련법령

번호	1	2	3	4	5
61	①	②	③	④	⑤
62	①	②	③	④	⑤
63	①	②	③	④	⑤
64	①	②	③	④	⑤
65	①	②	③	④	⑤
66	①	②	③	④	⑤
67	①	②	③	④	⑤
68	①	②	③	④	⑤
69	①	②	③	④	⑤
70	①	②	③	④	⑤

생년월일

⓪	⓪	⓪	⓪	⓪	⓪	⓪	⓪
①	①	①	①	①	①	①	①
②	②	②	②	②	②	②	②
③	③	③	③	③	③	③	③
④	④	④	④	④	④	④	④
⑤	⑤	⑤	⑤	⑤	⑤	⑤	⑤
⑥	⑥	⑥	⑥	⑥	⑥	⑥	⑥
⑦	⑦	⑦	⑦	⑦	⑦	⑦	⑦
⑧	⑧	⑧	⑧	⑧	⑧	⑧	⑧
⑨	⑨	⑨	⑨	⑨	⑨	⑨	⑨

코레일
(한국철도공사)
필기시험 모의고사

- 제 2 회 -

성명		생년월일	
시험시간	70분	문항수	60문항

<응시 전 주의사항>

○ 문제지 해당란과 OMR답안지에 성명과 생년월일을 정확하게 기재하십시오.

○ 기재착오, 누락 등으로 인한 불이익은 응시자 본인의 책임이니 OMR 답안지 작성에 유의하십시오.

○ 필기시험의 만점은 100점으로 합니다.

SEOWONGAK
(주)서원각

1. 다음 밑줄 친 단어의 의미와 동일하게 쓰인 것은?

정자와 난자 없이도 인간의 배아줄기세포를 이용하여 인간 배아를 만들 수 있음이 밝혀졌다. 정자와 난자가 수정되어 만들어진 것이 아닌 인공배아는 자연적으로 발생되는 수정란이 수정 후에 나타나는 초기의 배아와 유사한 형태를 보이는 것이다. 인공배아를 통해서 임신에 영향을 미치는 것을 파악하여 체외수정의 성공률이 높아질 수 있다. 인공배아가 개발되면서 이제 장기 기증, 임산부 약물안정성 등의 생명을 살리는 일에 대한 연구에 문을 <u>열었다</u>.

① 안전기의 스위치를 <u>열고</u> 퓨즈가 끊어진 것을 확인한다.
② 아직 교육의 혜택을 제대로 받지 못한 오지에 학교를 <u>열었다</u>.
③ 정상회담에 앞서서 준비회담을 <u>열었으나</u> 그 회담 내용은 알려지지 않았다.
④ 사람들이 토지에 정착하여 살 수 있게 됨으로써 인류 역사에 농경 시대를 <u>열게</u> 되었다.
⑤ 모든 사람에게 마음을 <u>열고</u> 살기 위해서는 무엇보다도 타인에 대한 사랑과 이해가 우선되어야 한다.

2. 다음 빈칸에 들어갈 접속사로 적절히 짝지어진 것은?

대의(代議) 제도를 따르지 않은 어떤 형태의 정부도 진정한 정체라 말할 수 없다. 군주제와 귀족제는 통치방식이 기본적으로 대의적이지는 않지만, 대의제도에 부합하는 통치 방식을 따를 수 있는 여지가 있다. (㉠) 민주제에서는 대의제도가 실현되기 어렵다. 왜냐하면 민주제에서는 국민 모두가 통치자이기를 바라기 때문이다. 한 국가의 통치자의 수가 적으면 적을수록 그리고 그들이 국민을 실제로 대표하면 할수록 그 국가의 정부는 공화정에 접근할 수 있다. (㉡) 점진적 개혁에 의해 공화정에 근접할 것으로 기대할 수도 있다. 이런 이유로 완벽하게 합법적 정체인 공화정에 도달하는 것이 군주제보다는 귀족제에서 더 어려우며 민주제에서는 폭력 혁명이 아니면 도달하는 것이 불가능하다.

	㉠	㉡
①	그리고	또
②	그래서	하지만
③	왜냐하면	요컨대
④	그런데	그러나
⑤	그러나	그리고

3. 밑줄 친 부분과 바꾸어 쓰기에 가장 적절한 것은?

전 지구적인 해수의 연직 순환은 해수의 밀도 차이에 의해
발생한다. 바닷물은 온도가 낮고 염분 농도가 높아질수록 밀
도가 높아져 <u>아래로 가라앉는다</u>. 이 때문에 북대서양의 차갑
고 염분 농도가 높은 바닷물이 심층수를 이루며 적도로 천천
히 이동한다.
그런데 지구 온난화로 인해 북반구의 고위도 지역의 강수량
이 증가하고 극지방의 빙하가 녹은 물이 대량으로 바다에 유
입되면 어떻게 될까? 북대서양의 염분 농도가 감소하여 바
닷물이 가라앉지 못하는 일이 벌어질 수 있다. 과학자들은
컴퓨터 시뮬레이션을 통해 차가운 북대서양 바닷물에 빙하가
녹은 물이 초당 십만 톤 이상 들어오면 전 지구적인 해수의
연직 순환이 느려져 지구의 기후가 변화한다는 사실을 알아
냈다

① 침강(沈降)
② 침식(侵蝕)
③ 침체(沈滯)
④ 침범(侵犯)
⑤ 침해(침害)

4. 다음은 S철도공사의 종합관제운영 및 보수내규 중 통신관
제 부분에 해당하는 규정이다. 다음 중 이 규정과 부합하는 내
용으로 볼 수 없는 것은?

제5절 통신관제
제31조(통신관제의 임무) 통신관제의 임무는 다음 각 호와
같다.
1. 통신설비의 감시 및 제어
2. 통신관제 설비의 운용 및 보수
3. 통신설비의 장애 또는 사고 발생 시 통신지원에 관한 조치
4. 통신설비에 영향을 줄 수 있는 점검 및 작업의 통제
5. 업무수행을 위하여 필요한 정보의 파악, 자료수집
6. 통신회선의 통제 및 임시 통신망 구성, 관련부서와 협의
7. 기타 통신관제 업무에 관련된 사항

제32조(현장통제) 통신관제의 현장통제는 다음 각 호에 의한다.
1. 통신설비의 장애 및 사고발생 시는 신호전자사업소장에게
통보하여 통신설비를 확인 조치토록 하여야 한다.
2. 신호전자사업소장으로부터 통신설비의 일시 사용중지나
변경이 필요한 작업계획을 보고 받았을 경우 그 작업이
열차안전운행에 지장이 있다고 판단될 때에는 그 작업의
취소를 지시하여야 한다.
3. 통신설비가 타 설비와 계통적으로 관련이 있는 사항은 신
호전자사업소장과 긴밀한 협의를 통하여 통신설비의 운용
에 차질이 없도록 하여야 한다. 또한, 신호전자사업소장
이 관제설비와 동일망(광단국)으로 연결된 통신설비의 유
지보수 시에는 통신관제와 상호협의·협조하여야 한다.
제33조(통화의 기록)
① 종합관제소에서 사용 중인 유무선통화기기의 통화 내용을
모두 녹음하여야 한다.
② 열차의 안전운행에 중대한 영향을 미치거나, 설비의 사고
에 대한 중요 통화내용은 1년간 보존하여야 한다.
③ 평상시 업무에 대한 통화내용은 1개월간 보존하여야 한다.
④ 녹음내용에 대하여는 보안을 유지하여야 하며, 사고 발생
등 특별한 경우 녹음내용의 청취 및 음성데이터 반출 요
청이 있을 때에는 관제소장의 승인을 얻은 후 별지 제5
호 서식에 의한 녹음청취열람기록부에 기록하여야 한다.

① 통신관제의 임무를 맡은 자는 업무와 관련한 정보도 파악
하고 수집하여야 한다.
② 신호전자사업소장으로부터 통신설비가 중단되어야 하는 작
업을 계획 중이라는 보고를 받으면 즉시 통신설비 사용 중
지를 명하여야 한다.
③ 종합관제소 내에서의 모든 통화 기록은 녹음을 하여야 한다.
④ 열차의 안전과 관련된 통화내용의 보존 기간은 1년이며,
평소 업무 관련 통화기록의 보존 기간은 1개월이다.
⑤ 녹음 내용을 반출해야 할 경우에는 관제소장의 사전 승인
이 있어야 한다.

5. (가)~(다)에 공통적으로 나타나는 설명 방식과 동일한 방식을 사용한 문장은?

> (가) 호랑이는 가축을 해치고 사람을 다치게 하는 일이 많았던 모양이다. 그래서 설화 중에는 사람이나 가축이 호랑이한테 해를 당하는 이야기가 많이 있다. 사냥을 하던 아버지가 호랑이에게 해를 당하자 아들이 원수를 갚기 위해 그 호랑이와 싸워 이겼다는 통쾌한 이야기가 있는가 하면, 밤중에 변소에 갔던 신랑이 호랑이한테 물려 가는 것을 본 신부가 있는 힘을 다하여 호랑이의 꼬리를 붙잡고 매달려 신랑을 구했다는 흐뭇한 이야기도 있다. 이러한 이야기들은 호랑이의 사납고 무서운 성질을 바탕으로 하여 꾸며진 것이다.
>
> (나) 설화 속에서 호랑이는 산신 또는 산신의 사자로 나타나기도 하고, 구체적인 설명 없이 신이한 존재로 나타나기도 한다. '효녀와 산신령' 이야기에서 산신령은 호랑이의 모습으로 나타나, 겨울철 눈 속에서 병든 어머니께 드릴 잉어를 찾는 소녀에게 잉어를 잡아 준다. 또한 '장화홍련전'에서 계모의 아들 장쇠는 장화를 재촉하여 물에 빠지게 하고 돌아오는 길에 호랑이한테 물려 죽는데 이때의 호랑이는 징벌자 역할을 하고 있다.
>
> (다) 설화 속에서 호랑이는 사람과 마찬가지로 따뜻한 정과 의리를 지니고 있는 것으로 나타나기도 하는데, 인간의 효성에 감동한 호랑이 이야기가 많이 있다. 여름철에 홍시를 구하려는 효자를 등에 태워 홍시가 있는 곳으로 데려다 준 호랑이 이야기, 고개를 넘어 성묘 다니는 효자를 날마다 태워다 준 호랑이 이야기 등이 그 예다.

① 자동차는 엔진, 바퀴, 배기 장치 등으로 구성된다.
② 팬에 기름을 두른 후 멸치를 넣고 볶은 다음, 양념을 한다.
③ 지문은 손가락 안쪽 끝에 있는 피부의 무늬나 그것이 남긴 흔적을 말한다.
④ 지구의 기온이 상승하면 남극과 북극의 빙하가 녹게 되어 해수면이 상승한다.
⑤ 한국의 철새 중 여름새의 대표적인 예로는 뻐꾸기, 꾀꼬리, 백로, 제비 등이 있다.

6. 다음 글의 내용을 사실과 의견으로 구분할 때, 사실에 해당하는 것은?

> ㉠ 우리 지역 축제에 유명 연예인을 초청해야 한다고 생각합니다. ㉡ 그 이유는 지역 주민의 축제 참여율을 높일 필요가 있기 때문입니다. ㉢ 지난 3년간 축제 참여 현황을 보면 지역 주민의 참여율이 전체 주민의 10% 미만으로 매우 저조하고, 이마저도 계속 낮아지는 추세입니다. ㉣ 우리 지역에서는 연예인을 직접 볼 기회가 많지 않으므로 유명 연예인을 초청하면 지역 주민들이 축제에 더 많은 관심을 보일 것입니다. ㉤ 따라서 유명 연예인을 초청하여 지역 주민의 축제 참여를 유도할 필요가 있습니다.

① ㉠   ② ㉡
③ ㉢   ④ ㉣
⑤ ㉤

7. 빅데이터에 대한 이해로 적절하지 않은 것은?

> 빅데이터는 그 규모가 매우 큰 데이터를 말하는데, 이는 단순히 데이터의 양이 매우 많다는 것뿐 아니라 데이터의 복잡성이 매우 높다는 의미도 내포되어 있다. 데이터의 복잡성이 높다는 말은 데이터의 구성 항목이 많고 그 항목들의 연결 고리가 함께 수록되어 있다는 것을 의미한다. 데이터의 복잡성이 높으면 다양한 파생 정보를 끌어낼 수 있다. 데이터로부터 정보를 추출할 때에는, 구성 항목을 독립적으로 이용하기도 하고, 두 개 이상의 항목들의 연관성을 이용하기도 한다. 일반적으로 구성 항목이 많은 데이터는 한 번에 얻기 어렵다. 이런 경우에는, 따로 수집되었지만 연결 고리가 있는 여러 종류의 데이터들을 연결하여 사용한다.

가령 한 집단의 구성원의 몸무게와 키의 데이터가 있다면, 각 항목에 대한 구성원의 평균 몸무게, 평균 키 등의 정보뿐만 아니라 몸무게와 키의 관계를 이용해 평균 비만도 같은 파생 정보도 얻을 수 있다. 이때는 반드시 몸무게와 키의 값이 동일인의 것이어야 하는 연결 고리가 있어야 한다. 여기에다 구성원들의 교통 카드 이용 데이터를 따로 얻을 수 있다면, 이것을 교통 카드의 사용자 정보를 이용해 사용자의 몸무게와 키의 데이터를 연결할 수 있다. 이렇게 연결된 데이터 세트를 통해 비만도와 대중교통의 이용 빈도 간의 파생 정보를 추출할 수 있다. 연결할 수 있는 데이터가 많을수록 얻을 수 있는 파생 정보도 늘어난다.

① 빅데이터 구성 항목을 독립적으로 이용하여 정보를 추출하기도 한다.
② 빅데이터를 구성하는 데이터의 양은 매우 많다.
③ 빅데이터를 구성하는 데이터의 복잡성은 매우 높다.
④ 빅데이터에는 구성 항목들 간의 연결 고리가 함께 포함되어 있다.
⑤ 빅데이터에서는 파생 정보를 얻을 수 없다.

8. 다음 빈칸에 들어갈 내용으로 가장 적절한 것은?

역사는 사실(事實) 속에서 사실(史實)을 뽑아내어 원형대로 재생하여 놓은 것이라는 생각이 상당히 오랫동안 통용되었다. 역사가는 사실로부터 사실(史實)을 추출할 뿐 그것을 해석하여 그 속에 들어있는 의미를 드러내는 것은 금물로 여겼다. 그렇게 하면 사실(史實)의 본래적이고 객관적인 모습을 그르친다고 생각하였기 때문이다. 이러한 생각에는 사실 중에서 사실(史實)을 뽑아내는 데 적용되는 역사가의 주관성은 어느 정도 인정하지만 사실(史實)의 의미를 추구하는 ＿＿＿＿＿는 뜻이 담겨 있다.

① 역사가의 주장이 반영될 수 있다.
② 시대 상황을 반영하여 해석해야 한다.
③ 누구나 공감할 수 있는 내용이어야 한다.
④ 역사가의 비판과 평가가 포함되어야 한다.
⑤ 역사가의 주관성이 배제되어야 한다.

9. 다음 글의 내용과 일치하지 않는 것은?

미국 코넬 대학교 심리학과 연구 팀은 1992년 하계 올림픽 중계권을 가졌던 엔비시(NBC)의 올림픽 중계 자료를 면밀히 분석했는데, 메달 수상자들이 경기 종료 순간에 어떤 표정을 짓는지 감정을 분석하는 연구였다.

연구 팀은 실험 관찰자들에게 23명의 은메달 수상자와 18명의 동메달 수상자의 얼굴 표정을 보고 경기가 끝나는 순간에 이들의 감정이 '비통'에 가까운지 '환희'에 가까운지 10점 만점으로 평정하게 했다. 또한 경기가 끝난 후, 시상식에서 선수들이 보이는 감정을 동일한 방법으로 평정하게 했다. 시상식에서 보이는 감정을 평정하기 위해 은메달 수상자 20명과 동메달 수상자 15명의 시상식 장면을 분석하게 했다.

분석 결과, 경기가 종료되고 메달 색깔이 결정되는 순간 동메달 수상자의 행복 점수는 10점 만점에 7.1로 나타났다. 비통보다는 환희에 더 가까운 점수였다. 그러나 은메달 수상자의 행복 점수는 고작 4.8로 평정되었다. 환희와 거리가 먼 감정 표현이었다. 객관적인 성취의 크기로 보자면 은메달 수상자가 동메달 수상자보다 더 큰 성취를 이룬 것이 분명하다. 그러나 은메달 수상자와 동메달 수상자가 주관적으로 경험한 성취의 크기는 이와 반대로 나왔다. 시상식에서도 이들의 감정 표현은 역전되지 않았다. 동메달 수상자의 행복 점수는 5.7이었지만 은메달 수상자는 4.3에 그쳤다.

왜 은메달 수상자가 3위인 동메달 수상자보다 결과를 더 만족스럽게 느끼지 못하는가? 이는 선수들이 자신이 거둔 객관적인 성취를 가상의 성취와 비교하여 주관적으로 해석했기 때문이다. 은메달 수상자들에게 그 가상의 성취는 당연히 금메달이었다.

최고 도달점인 금메달과 비교한 은메달의 주관적 성취의 크기는 선수 입장에서는 실망스러운 것이다. 반면 동메달 수상자들이 비교한 가상의 성취는 '노메달'이었다. 까딱 잘못했으면 4위에 그칠 뻔했기 때문에 동메달의 주관적 성취의 가치는 은메달의 행복 점수를 뛰어넘을 수밖에 없다.

① 연구 팀은 선수들의 표정을 통해 감정을 분석하였다.
② 연구 팀은 경기가 끝나는 순간과 시상식에서 선수들이 보이는 감정을 동일한 방법으로 평정하였다.
③ 경기가 끝나는 순간 동메달 수상자는 비통보다는 환희에 더 가까운 행복 점수를 보였다.
④ 동메달 수상자와 은메달 수상자가 주관적으로 경험한 성취의 크기는 동일하게 나타났다.
⑤ 은메달 수상자와 동메달 수상자의 가상의 성취는 달랐다.

10. 다음 글에 대한 평가로 가장 적절한 것은?

요즘에는 낯선 곳을 찾아갈 때, 지도를 해석하며 어렵게 길을 찾지 않아도 된다. 기술력의 발달에 따라, 제공되는 공간 정보를 바탕으로 최적의 경로를 탐색할 수 있게 되었기 때문이다. 이는 어떤 곳의 위치 좌표나 지리적 형상에 대한 정보뿐만 아니라 시간에 따른 공간의 변화를 포함한 공간 정보를 이용할 수 있게 되면서 가능해진 것이다. 이처럼, 공간 정보가 시간에 따른 변화를 반영할 수 있게 된 것은 정보를 수집하고 분석하는 정보 통신 기술의 발전과 밀접한 관련이 있다.

공간 정보의 활용은 '위치정보시스템(GPS)'과 '지리정보시스템(GIS)' 등의 기술적 발전과 휴대 전화나 태블릿 PC 등 정보 통신 기기의 보급을 기반으로 한다. 위치정보시스템은 공간에 대한 정보를 수집하고 지리정보시스템은 정보를 저장, 분류, 분석한다. 이렇게 분석된 정보는 사용자의 요구에 따라 휴대 전화나 태블릿 PC 등을 통해 최적화되어 전달된다.

길 찾기를 예로 들어 이 과정을 살펴보자. 휴대 전화 애플리케이션을 이용해 사용자가 가려는 목적지를 입력하고 이동 수단으로 버스를 선택하였다면, 우선 사용자의 현재 위치가 위치정보시스템에 의해 실시간으로 수집된다. 그리고 목적지와 이동 수단 등 사용자의 요구와 실시간으로 수집된 정보에 따라 지리정보시스템은 탑승할 버스 정류장의 위치, 다양한 버스 노선, 최단 시간 등을 분석하여 제공한다. 더 나아가 교통 정체와 같은 돌발 상황과 목적지에 이르는 경로의 주변 정보까지 분석하여 제공한다.

공간 정보의 활용 범위는 계속 확대되고 있다. 예를 들어, 여행지와 관련한 공간 정보는 여행자의 요구와 선호에 따라 선별적으로 분석되어 활용된다. 나아가 유동 인구를 고려한 상권 분석과 교통의 흐름을 고려한 도시 계획 수립에도 공간 정보 활용이 가능하게 되었다. 획기적으로 발전되고 있는 첨단 기술이 적용된 공간 정보가 국가 차원의 자연재해 예측 시스템에도 활발히 활용된다면 한층 정밀한 재해 예방 및 대비가 가능해질 것이다. 이로 인해 우리의 삶도 더 편리하고 안전해질 것으로 기대된다.

① 공간 정보 활용 범위의 확대 사례를 제시하여 내용을 타당성 있게 뒷받침하고 있다.
② 전문 기관의 자료를 바탕으로 공간 정보 활용에 대한 믿을 만한 근거를 제시하고 있다.
③ 위치 정보에 접근하는 방식의 차이점을 지역별로 비교하여 균형 있는 주장을 하고 있다.
④ 구체적 수치 자료를 근거로 하여 공간 정보 활용 비율을 신뢰성 있게 제시하고 있다.
⑤ 설문 조사 결과를 활용하여 공간 정보의 영향력에 대해 타당성 있는 주장을 하고 있다.

11. 다음 글에서 언급하지 않은 내용은?

독일의 학자 아스만(Asmann, A)은 장소가 기억의 주체, 기억의 버팀목이 될 수도 있고, 인간의 기억을 초월하는 의미를 제공할 수도 있다고 하였다. 그렇다면 하루가 다르게 변해 가는 오늘날의 삶에서 장소에 대한 기억이 우리에게 주는 의미는 무엇인가?

장소에 대한 기억에 대해 사람들은 다소 애매하면서도 암시적인 표현을 사용한다. 이는 사람들이 장소를 기억하는 것인지, 아니면 장소에 대한 기억, 곧 어떤 장소에 자리하고 있는 기억을 말하는 것인지 분명하지 않기 때문이다. 이에 대해 아스만은 전자를 '기억의 장소', 후자를 '장소의 기억'으로 구분한다. 그녀의 구분에 의하면 기억의 장소는 동일한 내용을 불러일으키는 것을 목적으로 하는 장소로, 내용을 체계적으로 저장하고 인출하기 위한 암기의 수단으로 쓰인다. 이와 달리 장소의 기억은 특정 장소와 결부되어 있는 기억이다. 사람들은 그들의 관점과 시각, 욕구에 따라 과거를 현재화하며, 기억하는 사람에 따라 다르게 장소의 기억을 형성한다.

오늘날의 사회에서는 시대의 변화로 인해 기억의 장소에서 시선을 옮겨 장소의 기억에 주목하고 있다. 기억의 장소의 경우, 넘쳐 나게 된 정보와 지식들로 인해 암기 차원의 기억은 정보 기술 분야에서 다룰 수 있으므로 그 기능을 잃게 되었다. 한편, 현대인의 삶이 파편화되고 공유된 장소가 개별화되면서 공동체가 공유하고 있는 정체성까지도 단절되고 있다. 마치 오랜 세월 동안 사람들의 일상 속에서 과거의 기억과 삶의 정취를 고스란히 담아 온 골목이 단순한 통로, 주차장, 혹은 사적 소유지로 변해 버린 것과 같다.

이러한 단절을 극복하고 공동의 정체성을 회복할 수 있는 방안으로 중요하게 기능하는 것이 장소의 기억이다. 장소의 기억은 특정 장소에 대하여 각자의 기억들을 공유한다.

그리고 여러 시대에 걸쳐 공유해 온 장소의 기억은 장소를 매개로 하여 다시 전승되어 가며 공동의 기억과 공동의 정체성을 형성해 나간다. 개별화된 지금의 장소가 다시 공유된 장소로 회복될 때 장소의 기억이 공유될 수 있다. 또 이를 통해 우리의 파편화된 삶은 다시 그 조각들을 맞추어 나갈 수 있게 될 것이다. 장소의 공유 안에서 단절되었던 공동체적 정체성도 전승되어 가는 것이다.

장소는 오래 전의 기억을 현재 시점으로 불러올 수 있는 중요한 수단이다. 이제는 시간의 흔적이 겹겹이 쌓인 장소의 기억에서 과거와의 유대를 활성화해 나갈 시점이다.

① '기억의 장소'의 특징
② '기억의 장소'의 구체적 사례
③ '장소의 기억'의 형성 과정
④ '장소의 기억'의 현대적 가치
⑤ '기억의 장소'와 '장소의 기억'의 차이점

|12~13| 다음은 승강기의 검사와 관련된 안내문이다. 이를 보고 물음에 답하시오.

❑ 근거법령
『승강기시설 안전관리법』 제13조 및 제13조의2에 따라 승강기 관리주체는 규정된 기간 내에 승강기의 검사 또는 정밀안전검사를 받아야 합니다.
❑ 검사의 종류

종류	처리기한	내용
완성검사	15일	승강기 설치를 끝낸 경우에 실시하는 검사
정기검사	20일	검사유효기간이 끝나고 계속하여 사용하는 경우 추가적으로 실시하는 검사
수시검사	15일	승강기를 교체·변경한 경우, 승강기에 사고가 발생하여 수리한 경우, 승강기 관리 주체가 요청하는 경우에 실시하는 검사
정밀안전검사	20일	설치 후 15년이 도래하거나 결함 원인이 불명확한 경우, 중대한 사고가 발생하거나 또는 그 밖에 행정안전부장관이 정한 경우

❑ 검사의 주기
승강기 정기검사의 검사주기는 1년이며, 정밀안전검사는 완성검사를 받은 날부터 15년이 지난 경우 최초 실시하며, 그 이후에는 3년마다 정기적으로 실시합니다.
❑ 적용범위
"승강기"란 건축물이나 고정된 시설물에 설치되어 일정한 경로에 따라 사람이나 화물을 승강장으로 옮기는 데에 사용되는 시설로서 엘리베이터, 에스컬레이터, 휠체어리프트 등 행정안전부령으로 정하는 것을 말합니다.
• 엘리베이터

용도	종류	분류기준
승객용	승객용 엘리베이터	사람의 운송에 적합하게 제작된 엘리베이터
	침대용 엘리베이터	병원의 병상 운반에 적합하게 제작된 엘리베이터
	승객·화물용 엘리베이터	승객·화물겸용에 적합하게 제작된 엘리베이터
	비상용 엘리베이터	화재 시 소화 및 구조활동에 적합하게 제작된 엘리베이터
	피난용 엘리베이터	화재 등 재난 발생 시 피난활동에 적합하게 제작된 엘리베이터
	장애인용 엘리베이터	장애인이 이용하기에 적합하게 제작된 엘리베이터
	전망용 엘리베이터	엘리베이터 안에서 외부를 전망하기에 적합하게 제작된 엘리베이터
	소형 엘리베이터	단독주택의 거주자를 위한 승강 행정이 12m 이하인 엘리베이터
화물용	화물용 엘리베이터	화물 운반 전용에 적합하게 제작된 엘리베이터
	덤웨이터	적재용량이 300kg 이하인 소형 화물 운반에 적합한 엘리베이터
	자동차용 엘리베이터	주차장의 자동차 운반에 적합하게 제작된 엘리베이터

• 에스컬레이터

용도	종류	분류기준
승객 및 화물용	에스컬레이터	계단형의디딤판을 동력으로 오르내리게 한 것
	무빙워크	평면의 디딤판을 동력으로 이동시키게 한 것

• 휠체어리프트

용도	종류	분류기준
승객용	장애인용 경사형 리프트	장애인이 이용하기에 적합하게 제작된 것으로서 경사진 승강로를 따라 동력으로 오르내리게 한 것
	장애인용 수직형 리프트	장애인이 이용하기에 적합하게 제작된 것으로서 수직인 승강로를 따라 동력으로 오르내리게 한 것

☐ 벌칙 및 과태료
• 벌칙 : 1년 이하의 징역 또는 1천만 원 이하의 벌금
• 과태료 : 500만 원 이하, 300만 원 이하

12. 다음에 제시된 상황에서 받아야 하는 승강기 검사의 종류가 잘못 연결된 것은?

① 1년 전 정기검사를 받은 승객용 엘리베이터를 계속해서 사용하려는 경우 → 정기검사

② 2층 건물을 4층으로 증축하면서 처음 소형 엘리베이터 설치를 끝낸 경우 → 완성검사

③ 에스컬레이터에 쓰레기가 끼이는 단순한 사고가 발생하여 수리한 경우 → 정밀안전검사

④ 7년 전 설치한 장애인용 경사형 리프트를 신형으로 교체한 경우 → 수시검사

⑤ 비상용 엘리베이터를 설치하고 15년이 지난 경우 → 정밀안전검사

13. ○○승강기 회사의 신입사원 甲는 승강기 검사와 관련하여 고객의 질문을 받아 응대해 주는 과정에서 상사로부터 고객에게 잘못된 정보를 제공하였다는 지적을 받았다. 甲이 응대한 내용 중 가장 옳지 않은 것은?

① 고객 : 승강기 검사유효기간이 끝나가서 정기검사를 받으려고 합니다. 오늘 신청하면 언제쯤 검사를 받을 수 있나요?

　甲 : 정기검사의 처리기한은 20일입니다. 오늘 신청하시면 20일 안에 검사를 받으실 수 있습니다.

② 고객 : 비상용 엘리베이터와 피난용 엘리베이터의 차이는 뭔가요?

　甲 : 비상용 엘리베이터는 화재 시 소화 및 구조활동에 적합하게 제작된 엘리베이터를 말합니다. 이에 비해 피난용 엘리베이터는 화재 등 재난 발생 시 피난활동에 적합하게 제작된 엘리베이터입니다.

③ 고객 : 판매 전 자동차를 대놓는 주차장에 자동차 운반을 위한 엘리베이터를 설치하려고 합니다. 덤웨이터를 설치해도 괜찮을까요?

　甲 : 덤웨이터는 적재용량이 300kg 이하인 소형 화물 운반에 적합한 엘리베이터입니다. 자동차 운반을 위해서는 자동차용 엘리베이터를 설치하시는 것이 좋습니다.

④ 고객 : 지난 2023년 1월에 마지막 정밀안전검사를 받았습니다. 승강기에 별 문제가 없다면, 다음 정밀안전검사는 언제 받아야 하나요?

　甲 : 정밀안전검사는 최초 실시 후 3년마다 정기적으로 실시합니다. 2023년 1월에 정밀안전검사를 받으셨다면, 2026년 1월에 다음 정밀안전검사를 받으셔야 합니다.

⑤ 고객 : 고객들이 쇼핑카트나 유모차, 자전거 등을 가지고 층간 이동을 쉽게 할 수 있도록 에스컬레이터나 무빙워크를 설치하려고 합니다. 뭐가 더 괜찮을까요?

　甲 : 말씀하신 상황에서는 무빙워크보다는 에스컬레이터 설치가 더 적합합니다.

14. 다음의 내용을 논리적 흐름이 자연스럽도록 순서대로 배열한 것은?

> (가) 사물은 저것 아닌 것이 없고, 또 이것 아닌 것이 없다. 이쪽에서 보면 모두가 저것, 저쪽에서 보면 모두가 이것이다.
>
> (나) 그러므로 저것은 이것에서 생겨나고, 이것 또한 저것에서 비롯된다고 한다. 이것과 저것은 저 혜시(惠施)가 말하는 방생(方生)의 설이다.
>
> (다) 그래서 성인(聖人)은 이런 상대적인 방법에 의하지 않고, 그것을 절대적인 자연의 조명(照明)에 비추어 본다. 그리고 커다란 긍정에 의존한다. 거기서는 이것이 저것이고 저것 또한 이것이다. 또 저것도 하나의 시비(是非)이고 이것도 하나의 시비이다. 과연 저것과 이것이 있다는 말인가. 과연 저것과 이것이 없다는 말인가.
>
> (라) 그러나 그, 즉 혜시(惠施)도 말하듯이 삶이 있으면 반드시 죽음이 있고, 죽음이 있으면 반드시 삶이 있다. 역시 된다가 있으면 안 된다가 있고, 안 된다가 있으면 된다가 있다. 옳다에 의거하면 옳지 않다에 기대는 셈이 되고, 옳지 않다에 의거하면 옳다에 의지하는 셈이 된다.

① (가) - (나) - (다) - (라)
② (가) - (나) - (라) - (다)
③ (가) - (다) - (나) - (라)
④ (가) - (라) - (나) - (다)
⑤ (가) - (라) - (나) - (다)

15. 다음 글을 이해한 내용으로 적절하지 않은 것은?

> 변론술을 가르치는 프로타고라스(P)에게 에우아틀로스(E)가 제안하였다. "제가 처음으로 승소하면 그때 수강료를 내겠습니다." P는 이를 받아들였다. 그런데 E는 모든 과정을 수강하고 나서도 소송을 할 기미를 보이지 않았고 그러자 P가 E를 상대로 소송하였다. P는 주장하였다. "내가 승소하면 판결에 따라 수강료를 받게 되고, 내가 지면 자네는 계약에 따라 수강료를 내야 하네." E도 맞섰다. "제가 승소하면 수강료를 내지 않게 되고 제가 지더라도 계약에 따라 수강료를 내지 않아도 됩니다."
>
> 지금까지도 이 사례는 풀기 어려운 논리 난제로 거론된다. 다만 법률가들은 이를 해결할 수 있는 사안이라고 본다. 우선, 이 사례의 계약이 수강료 지급이라는 효과를, 실현되지 않은 사건에 의존하도록 하는 계약이라는 점을 살펴야 한다. 이처럼 일정한 효과의 발생이나 소멸에 제한을 덧붙이는 것을 '부관'이라 하는데, 여기에는 '기한'과 '조건'이 있다. 효과의 발생이나 소멸이 장래에 확실히 발생할 사실에 의존하도록 하는 것을 기한이라 한다. 반면 장래에 일어날 수도 있는 사실에 의존하도록 하는 것은 조건이다. 그리고 조건이 실현되었을 때 효과를 발생시키면 '정지 조건', 소멸시키면 '해제 조건'이라 부른다.
>
> 민사 소송에서 판결에 대하여 상소, 곧 항소나 상고가 그 기간 안에 제기되지 않아서 사안이 종결되든가, 그 사안에 대해 대법원에서 최종 판결이 선고되든가 하면, 이제 더 이상 그 일을 다툴 길이 없어진다. 이때 판결은 확정되었다고 한다. 확정 판결에 대하여는 '기판력(旣判力)'이라는 것을 인정한다. 기판력이 있는 판결에 대해서는 더 이상 같은 사안으로 소송에서 다툴 수 없다. 예를 들어, 계약서를 제시하지 못해 매매 사실을 입증하지 못하고 패소한 판결이 확정되면, 이후에 계약서를 발견하더라도 그 사안에 대하여는 다시 소송하지 못한다. 같은 사안에 대해 서로 모순되는 확정 판결이 존재하도록 할 수는 없는 것이다.
>
> 확정 판결 이후에 법률상의 새로운 사정이 생겼을 때는, 그것을 근거로 하여 다시 소송하는 것이 허용된다. 이 경우에는 전과 다른 사안의 소송이라 하여 이전 판결의 기판력이 미치지 않는다고 보는 것이다. 위에서 예로 들었던 계약서는 판결 이전에 작성된 것이어서 그 발견이 새로운 사정이라고 인정되지 않는다. 그러나 임대인이 임차인에게 집을 비워 달라고 하는 소송에서 임대차 기간이 남아 있다는 이유로 임대인이 패소한 판결이 확정된 후 시일이 흘러 계약 기간이 만료되면, 임대인은 집을 비워 달라는 소송을 다시 할 수 있다.

계약상의 기한이 지남으로써 임차인의 권리에 변화가 생겼기 때문이다.

이렇게 살펴본 바를 바탕으로 P와 E 사이의 분쟁을 해결하는 소송이 어떻게 전개될지 따져 보자. 이 사건에 대한 소송에서는 조건이 성취되지 않았다는 이유로 법원이 E에게 승소 판결을 내리면 된다. 그런데 이 판결 확정 이후에 P는 다시 소송을 할 수 있다. 조건이 실현되었기 때문이다. 따라서 이 두 번째 소송에서는 결국 P가 승소한다. 그리고 이때부터는 E가 다시 수강료에 관한 소송을 할 만한 사유가 없다. 이 분쟁은 두 차례의 판결을 거쳐 해결될 수 있는 것이다.

① 승소하면 그때 수강료를 내겠다고 할 때 승소는 수강료 지급 의무에 대한 기한이다.
② 기한과 조건은 모두 계약상의 효과를 장래의 사실에 의존하도록 한다는 점이 공통된다.
③ 계약에 해제 조건을 덧붙이면 그 조건이 실현되었을 때 계약상 유지되고 있는 효과를 소멸시킬 수 있다.
④ 판결이 선고되고 나서 상소 기간이 다 지나가도록 상소가 이루어지지 않으면 그 판결에는 기판력이 생긴다.
⑤ 기판력에는 법원이 판결로 확정한 사안에 대하여 이후에 법원 스스로 그와 모순된 판결을 내릴 수 없다는 전제가 깔려 있다.

16. 다음에서 추론할 수 있는 내용으로 적절하지 않은 것은?

'나비 박사'라고 불린 석주명은 20여 년 동안 75만 마리에 이르는 나비를 채집하여 연구하였다. 그는 연구 대상을 철저하게 조선의 나비로 한정하였다. 이러한 태도는 생물학의 국학성을 강조하려는 노력의 결과였고, 이후 그의 학문적 업적은 '조선적 생물학'으로 명명되었다.

석주명이 생각한 생물학은 조선의 연구자가 이 땅의 생물을 직접 연구하여 조선의 독특한 생물의 모습을 왜곡하지 않고 밝히는 것이었다. 이에 따라 석주명은 각 지역을 발로 누비면서, 풍부한 표본 조사에 근거한 나비 연구로 그 동안의 잘못된 선행 연구를 바로잡았다.

또한 석주명은 나비에 대한 연구를 생물학에 국한하지 않았다. 그의 나비에 대한 연구는 자연 과학을 넘어 인문학적 탐구까지 포괄하였다. 그가 보여 준 인문학적 탐구는 산과 들이 아닌 역사 속에 존재하는 나비에 대한 조사였다. 그는 1930년대 말부터 조선왕조실록이나 문집에서 나비에 대한 부분을 찾는 데에 관심을 기울인 결과, 나비 기사를 발굴하거나 19세기의 나비 화가 남계우를 소개하는 글을 여러 편 발표하였다.

석주명은 우리말에도 깊은 관심이 있었다. 일제 강점기에는 흔히 보는 일부 나비를 제외하고는 나비를 지칭하는 일본어 이름만 있고 우리말 이름은 없었다. 그래서 석주명은 우리나라 나비 200여 종에 대해 우리말 이름을 직접 짓거나 정리했다. '각시멧노랑나비', '떠들썩팔랑나비', '번개오색나비' 등에는 그의 우리말 감각과 재능이 많이 드러난다. 지금까지도 그가 지은 나비 이름이 많이 쓰이고 있다.

결국 석주명의 조선적 생물학은 단순히 나비 연구에 머물지 않았다. 나비를 매개로 우리 역사나 우리말과도 관련을 맺고 있었다. 그는 자신의 나비 연구가 자연 과학을 넘어 국학의 영역으로 자리매김하기를 원했다. 그는 우리나라의 나비 연구에 크게 기여했고, 국학적 성격이 짙은 생물학을 추구하여 자신의 연구에 민족적 가치를 더하였다.

석주명은 남들이 관심 갖지 않던 분야에 열정과 노력을 쏟아 우리나라 생물학의 위상을 한 단계 올렸다는 점에서 존경을 받았다. 또한 그가 자신의 오랜 연구 성과를 모아 집필한 「조선접류목록」은 이후 생물학을 공부하는 사람들에게 귀한 자료가 되었다.

① 조선의 나비에 대한 기존의 잘못된 연구 결과가 있었다.
② 석주명은 문헌을 통해 나비에 대하여 인문학적 탐구도 했다.
③ 조선 시대에도 나비에 대한 기록이나 그림이 있었다.
④ 석주명은 일본의 연구 성과를 이어받아 나비 이름을 지었다.
⑤ 석주명이 이룬 학문적 성과는 현재에도 영향을 미치고 있다.

|17~18| 다음 글을 읽고 물음에 답하시오.

광통신은 빛을 이용하기 때문에 정보의 전달은 매우 빠를 수 있지만, 광통신 케이블의 길이가 증가함에 따라 빛의 세기가 감소하기 때문에 원거리 통신의 경우 수신되는 광신호는 매우 약해질 수 있다. 빛은 광자의 흐름이므로 빛의 세기가 약하다는 것은 단위 시간당 수신기에 도달하는 광자의 수가 적다는 뜻이다. 따라서 광통신에서는 적어진 수의 광자를 검출하는 장치가 필수적이며, 약한 광신호를 측정이 가능한 크기의 전기 신호로 변환해 주는 반도체 소자로서 애벌랜치 광다이오드가 널리 사용되고 있다.

애벌랜치 광다이오드는 크게 흡수층, 애벌랜치 영역, 전극으로 구성되어 있다. 흡수층에 충분한 에너지를 가진 광자가 입사되면 전자(−)와 양공(+) 쌍이 생성될 수 있다. 이때 입사되는 광자 수 대비 생성되는 전자−양공 쌍의 개수를 양자 효율이라 부른다. 소자의 특성과 입사광의 파장에 따라 결정되는 양자 효율은 애벌랜치 광다이오드의 성능에 영향을 미치는 중요한 요소 중 하나이다.

흡수층에서 생성된 전자와 양공은 각각 양의 전극과 음의 전극으로 이동하며, 이 과정에서 전자는 애벌랜치 영역을 지나게 된다. 이곳에는 소자의 전극에 걸린 역방향 전압으로 인해 강한 전기장이 존재하는데, 이 전기장은 역방향 전압이 클수록 커진다. 이 영역에서 전자는 강한 전기장 때문에 급격히 가속되어 큰 속도를 갖게 된다. 이후 충분한 속도를 얻게 된 전자는 애벌랜치 영역의 반도체 물질을 구성하는 원자들과 충돌하여 속도가 줄어들며 새로운 전자−양공 쌍을 만드는데, 이 현상을 충돌 이온화라 부른다. 새롭게 생성된 전자와 기존의 전자가 같은 원리로 전극에 도달할 때까지 애벌랜치 영역에서 다시 가속되어 충돌 이온화를 반복적으로 일으킨다. 그 결과 전자의 수가 크게 늘어나는 것을 '애벌랜치 증배'라고 부르며 전자의 수가 늘어나는 정도, 즉 애벌랜치 영역으로 유입된 전자당 전극으로 방출되는 전자의 수를 증배 계수라고 한다. 증배 계수는 애벌랜치 영역의 전기장의 크기가 클수록, 작동 온도가 낮을수록 커진다. 전류의 크기는 단위 시간당 흐르는 전자의 수에 비례한다. 이러한 일련의 과정을 거쳐 광신호의 세기는 전류의 크기로 변환된다.

한편 애벌랜치 광다이오드는 흡수층과 애벌랜치 영역을 구성하는 반도체 물질에 따라 검출이 가능한 빛의 파장 대역이 다르다. 예를 들어 실리콘은 300~1,100nm, 저마늄은 800~1,600nm 파장 대역의 빛을 검출하는 것이 가능하다. 현재 다양한 사용자의 요구와 필요를 만족시키기 위해 여러 종류의 애벌랜치 광다이오드가 제작되어 사용되고 있다.

17. 윗글의 내용과 일치하는 것은?

① 애벌랜치 광다이오드의 흡수층에서 생성된 양공은 애벌랜치 영역을 통과하여 양의 전극으로 이동한다.
② 저마늄을 사용하여 만든 애벌랜치 광다이오드는 100 nm 파장의 빛을 검출할 때 사용 가능하다.
③ 입사된 광자의 수가 크게 늘어나는 과정은 애벌랜치 광다이오드의 작동에 필수적이다.
④ 애벌랜치 광다이오드의 흡수층에서 전자−양공 쌍이 발생하려면 광자가 입사되어야 한다.
⑤ 애벌랜치 광다이오드는 전기 신호를 광신호로 변환해 준다.

18. 밑줄 친 '애벌랜치 영역'에 대한 이해로 적절하지 않은 것은?

① 흡수층에서 '애벌랜치 영역'으로 들어오는 전자의 수가 늘어나면 충돌 이온화의 발생 횟수가 증가한다.
② '애벌랜치 영역'에서 충돌 이온화가 많이 일어날수록 전극에서 측정되는 전류가 증가한다.
③ '애벌랜치 영역'에 유입된 전자가 생성하는 전자−양공 쌍의 수는 양자 효율을 결정한다.
④ '애벌랜치 영역'에 형성된 강한 전기장은 충돌 이온화가 일어나는 데 필수적이다.
⑤ '애벌랜치 영역'에서 전자는 역방향 전압의 작용으로 속도가 증가한다.

19. 다음 자료는 A회사의 버스 종류별 1대당 1일 총운송비용을 나타낸 자료이다. 이에 대한 설명으로 옳지 않은 것은?

(단위 : 원)

부문	항목	일반버스	굴절버스	저상버스
가동비	운전직 인건비	331,400	331,400	331,400
	연료비	104,649	160,709	133,133
	타이어비	3,313	8,282	4,306
	소계	439,362	500,391	468,839
보유비	관리직 인건비	42,638	42,638	42,638
	차량보험료	16,066	21,641	16,066
	차량 감가상각비	23,944	104,106	24,057
	차고지비	3,029	4,544	3,029
	기타관리비	40,941	40,941	40,941
	정비비	9,097	45,484	13,645
	소계	135,715	259,354	140,376
	총운송비용	575,077	759,745	609,215

① 버스의 종류와 상관없이 기타관리비와 인건비는 동일하다.
② 일반버스와 굴절버스 간의 운송항목 비용 중 비용 차이가 가장 큰 항목은 연료비이다.
③ 굴절버스는 다른 버스 종류에 비해 총운송비용에서 보유비가 차지하는 비중이 크다.
④ 굴절버스 정비비는 일반버스 정비비의 약 5배이다.
⑤ 일반버스와 저상버스의 차고지비는 동일하다.

20. 다음은 A 회사의 2010년과 2020년의 출신 지역 및 직급별 임직원 수에 대한 자료이다. 이에 대한 설명으로 옳지 않은 것은?

〈표1〉 2010년의 출신 지역 및 직급별 임직원 수

(단위 : 명)

직급\지역	A시	B시	C시	D시	E시	F시	G시	H시	합계
이사	0	0	1	1	0	0	1	1	4
부장	0	0	1	0	0	1	1	1	4
차장	4	4	3	3	2	1	0	3	20
과장	7	0	7	4	4	5	11	6	44
대리	7	12	14	12	7	7	5	18	82
사원	19	38	41	37	11	12	4	13	175
합계	37	54	67	57	24	26	22	42	329

〈표2〉 2020년의 출신 지역 및 직급별 임직원 수

(단위 : 명)

직급\지역	A시	B시	C시	D시	E시	F시	G시	H시	합계
이사	3	0	1	1	0	0	1	2	8
부장	0	0	2	0	0	1	1	0	4
차장	3	4	3	4	2	1	1	2	20
과장	8	1	14	7	6	7	18	14	75
대리	10	14	13	13	7	6	2	12	77
사원	12	35	38	31	8	11	2	11	148
합계	36	54	71	56	23	26	25	41	332

① 출신 지역을 고려하지 않을 때, 2010년 대비 2020년에 직급별 인원의 증가율은 이사 직급에서 가장 크다.
② 출신 지역별로 비교할 때, 2020년의 경우 해당 지역 출신 임직원 중 과장의 비율은 G시가 가장 높다.
③ 2010년에 비해 2020년에 과장의 수는 증가하였다.
④ 2010년에 비해 2020년에 대리의 수가 늘어난 출신 지역은 대리의 수가 줄어든 출신 지역에 비해 많다.
⑤ 2010년에 비해 2020년의 G시의 전체 임직원 수의 합계는 증가하였다.

21. 다음은 각 지역별 가구를 대상으로 난방방식 현황 및 난방연료 사용현황에 대해 조사한 자료이다. 이에 대한 설명 중 옳은 것을 모두 고르면?

〈표1〉 난방방식 현황

(단위 : %)

종류	A시	B시	C시	D시	전국 평균
중앙난방	22.3	13.5	6.3	11.8	14.4
개별난방	64.3	78.7	26.2	60.8	58.2
지역난방	13.4	7.8	67.5	27.4	27.4

〈표2〉 난방연료 사용현황

(단위 : %)

종류	A시	B시	C시	D시	전국 평균
도시가스	84.5	91.8	33.5	66.1	69.5
LPG	0.1	0.1	0.4	3.2	1.4
등유	2.4	0.4	0.8	3.0	2.2
열병합	12.6	7.4	64.3	27.1	26.6
기타	0.4	0.3	1.0	0.6	0.3

> ㉠ D시의 경우, 도시가스를 사용하는 가구 수가 등유를 사용하는 가구 수의 20배 이상이다.
>
> ㉡ A시와 B시는 다른 난방연료보다 도시가스를 사용하는 비율이 높다.
>
> ㉢ 지역난방을 사용하는 가구 수의 비율은 A시가 B시의 2배 이상이다.
>
> ㉣ C시가 D시보다 지역난방을 사용하는 비율이 낮다.

① ㉠㉡
② ㉠㉢
③ ㉠㉣
④ ㉡㉣
⑤ ㉡㉢

22. 다음은 A국가의 성별 흡연율과 금연계획률에 관한 자료이다. 이에 대한 설명으로 옳은 것은?

〈표1〉 성별 흡연율

(단위 : %)

연도 / 성별	2017	2018	2019	2020	2021	2022	2023
남성	45.0	47.7	46.9	48.3	47.3	43.7	42.1
여성	5.3	7.4	7.1	6.3	6.8	7.9	6.1
전체	20.6	23.5	23.7	24.6	25.2	24.9	24.1

〈표2〉 금연계획률

(단위 : %)

연도 / 구분	2017	2018	2019	2020	2021	2022	2023
금연계획률	59.8	( )	57.4	53.5	(㉠)	55.2	56.5
단기 금연계획률	19.4	17.7	18.2	20.8	20.2	19.6	19.3
장기 금연계획률	40.4	39.2	( )	32.7	36.1	35.6	37.2

※ 흡연율(%) $= \dfrac{흡연자 수}{인구 수} \times 100$

※ 금연계획률(%) $= \dfrac{금연계획자 수}{흡연자 수} \times 100$

= 단기 금연계획률 + 장기 금연계획률

① 매년 전체 흡연율은 증가하고 있다.
② 매년 남성 흡연율은 여성 흡연율의 7배 이상이다.
③ 금연계획률은 매년 50% 이상이다.
④ ㉠에 들어갈 수치는 55.3이다.
⑤ 매년 단기 금연계획률은 장기 금연계획률보다 높다.

23. 다음은 ○○기관의 연도말 부채잔액 및 연간 차입 규모에 대한 자료이다. 자료 분석 결과로 옳지 <u>않은</u> 것은?

① ○○기관의 연도말 부채잔액은 점점 늘어나고 있다.

② 1999~2002년 중 전년대비 연도말 부채잔액이 가장 크게 늘어난 해는 1999년이다.

③ 전체 기간 중 연간 차입액 변화 추이로 볼 때, 2002년은 주목할 만한 변화이다.

④ 2002년 전년대비 늘어난 연도말 부채잔액은 전년대비 줄어든 연간 차입액의 5배가 넘는다.

⑤ 연도말 부채잔액과 연간 차입액의 변화 추이는 서로 다르다.

|24~25| K회사에서 근무하는 박 차장은 보증서를 발급하면서 고객의 보증료를 산출하고 있다. 보증료 산출에 관한 주요 규정이 다음과 같을 때, 물음에 답하시오.

- 보증료 계산 : 보증금액 × 보증료율 × 보증기간/365
  - 계산은 십원단위로 하고 10원 미만 단수는 버림
- 기준보증료율 기술사업평가등급에 따라 다음과 같이 적용한다.

등급	적용요율	등급	적용요율	등급	적용요율
AAA	0.8%	BBB	1.4%	CCC	1.7%
AA	1.0%	BB	1.5%	CC	1.8%
A	1.2%	B	1.6%	C	2.2%

- 아래에 해당되는 경우 기준보증료율에서 해당 감면율을 감면할 수 있다.

가산사유	가산요율
1. 벤처 · 이노비즈기업	-0.2%p
2. 장애인기업	-0.3%p
3. 국가유공자기업	-0.3%p
4. 지방기술유망기업	-0.3%p
5. 지역주력산업 영위기업	-0.1%p

※ 감면 항목은 중복해서 적용할 수 없으며, 감면율이 가장 큰 항목을 우선 적용한다.
※ 사고기업(사고유보기업 포함)에 대해서는 보증료율의 감면을 적용하지 아니한다.

- 아래에 해당되는 경우 산출된 보증료율에 해당 가산율을 가산한다.

가산사유	가산요율
1. 고액보증기업	
가. 보증금액이 15억 원 초과 30억 원 이하 기업	+0.1%p
나. 보증금액이 30억 원 초과 기업	+0.2%p
2. 장기이용기업	
가. 보증이용기간이 5년 초과 10년 이하 기업	+0.1%p
나. 보증이용기간이 10년 초과 15년 이하 기업	+0.2%p
다. 보증이용기간이 15년 초과 기업	+0.3%p

※ 가산사유가 중복되는 경우에는 사유별 가산율을 모두 적용한다.
※ 경영개선지원기업으로 확정된 기업에 대해서는 가산요율을 적용하지 않는다.

- 아래에 해당되는 경우 감면사유와 가산사유에 모두 해당되는 경우 감면사유를 먼저 적용한 후 가산사유를 적용한다.

24. A회사의 회계과장인 이 과장은 보증서 발급에 앞서 보증료가 얼마나 산출되었는지 박 차장에게 다음과 같이 이메일로 문의하였다. 문의에 따라 보증료를 계산한다면 A회사의 보증료는 얼마인가?

> 안녕하세요. 박 차장님.
>
> A회사의 회계과장인 이ㅁㅁ입니다. 대표님께서 오늘 보증서(보증금액 5억 원, 보증기간 365일)를 발급받으러 가시는데, 보증료가 얼마나 산출되었는지 궁금하여 문의드립니다.
>
> 저희 회사의 기술사업평가등급은 BBB등급이고, 지방기술사업을 영위하고 있으며 작년에 벤처기업 인증을 받았습니다. 다른 특이사항은 없습니다.

① 4,000천 원
② 4,500천 원
③ 5,500천 원
④ 5,500천 원
⑤ 6,000천 원

25. 박 차장은 아래 자료들을 토대로 갑, 을, 병 3개 회사의 보증료를 산출하였다. 보증료가 높은 순서대로 정렬한 것은?

구분	기술사업 평가등급	특이사항	보증금액 (신규)	보증 기간
갑	BBB	• 국가유공자기업 • 지역주력산업영위기업 • 신규보증금액 포함한 총보증금액 100억 원 • 보증이용기간 7년	10억 원	365일
을	BB	• 벤처기업 • 이노비즈기업 • 보증이용기간 20년 • 경영개선지원기업	10억 원	365일
병	BB	• 장애인기업 • 이노비즈기업 • 보증이용기간 1년	10억 원	365일

① 갑 - 을 - 병
② 갑 - 병 - 을
③ 을 - 갑 - 병
④ 을 - 병 - 갑
⑤ 병 - 갑 - 을

26. 다음은 K공사의 직원 채용 절차와 모집 결과이다. 다음과 같은 조건을 참고할 때, 총 응시자 수는 모두 몇 명인가?

> • 채용절차 : 1차 서류전형 → 2차 필기시험 → 3차 인적성검사 → 4차 최종 면접 → 최종 500명 선발
> • 각 전형의 선발 인원은 다음 전형 통과 인원의 3배수, 3차 인적성검사는 최종 합격자의 1.5배 수
> • 1차 서류전형 통과 인원은 총 응시자의 45%
> • 최종 선발 인원의 3%는 사회적 약자 집단으로 배분하여 별도 모집
> • 인원수는 소수 첫 자리에서 반올림하여 정수로 기산한다.

① 13,950명
② 14,020명
③ 14,320명
④ 14,560명
⑤ 14,800명

27. 철도 레일 생산업체인 'K금속회사'는 A, B 2개의 생산라인에서 레일을 생산한다. 2개의 생산라인을 하루 종일 가동할 경우 3일 동안 525개의 레일을 생산할 수 있으며, A라인만을 가동하여 생산할 경우 90개/일의 레일을 생산할 수 있다. A라인만을 가동하여 5일간 제품을 생산하고 이후 2일은 B라인만을, 다시 추가로 2일간은 A, B라인을 함께 가동하여 생산을 진행한다면, K금속회사가 생산한 총 레일의 개수는 모두 몇 개인가?

① 940개
② 970개
③ 1,050개
④ 1,120개
⑤ 1,270개

28. 다음은 L공사의 토지판매 알선장려금 산정 방법에 대한 표와 알선장려금을 신청한 사람들의 정보이다. 이를 바탕으로 지급해야 할 알선장려금이 잘못 책정된 사람을 고르면?

[토지판매 알선장려금 산정 방법]

□ 일반토지(산업시설용지 제외) 알선장려금(부가가치세 포함된 금액)

계약기준금액	수수료율(중개알선장려금)	한도액
4억 원 미만	계약금액 × 0.9%	360만 원
4억 원 이상~ 8억 원 미만	360만 원 + (4억 초과 금액 × 0.8%)	680만 원
8억 원 이상~ 15억 원 미만	680만 원 + (8억 초과 금액 × 0.7%)	1,170만 원
15억 원 이상~ 40억 원 미만	1,170만 원 + (15억 초과 금액 × 0.6%)	2,670만 원
40억 원 이상	2,670만 원 + (40억 초과 금액 × 0.5%)	3,000만 원 (최고한도)

□ 산업·의료시설용지 알선장려금(부가가치세 포함된 금액)

계약기준금액	수수료율(중개알선장려금)	한도액
해당 없음	계약금액 × 0.9%	5,000만 원 (최고한도)

□ 알선장려금 신청자 목록
- 김유진 : 일반토지 계약금액 3억 5천만 원
- 이영희 : 산업용지 계약금액 12억 원
- 심현우 : 일반토지 계약금액 32억 8천만 원
- 이동훈 : 의료시설용지 계약금액 18억 1천만 원
- 김원근 : 일반용지 43억 원

① 김유진 : 315만 원
② 이영희 : 1,080만 원
③ 심현우 : 2,238만 원
④ 이동훈 : 1,629만 원
⑤ 김원근 : 3,000만 원

29. 다음은 조선시대 한양의 조사시기별 가구수 및 인구수와 가구 구성비에 대한 자료이다. 이에 대한 설명 중 옳은 것만을 모두 고른 것은?

⟨조사시기별 가구수 및 인구수⟩

(단위 : 호, 명)

조사시기	가구수	인구수
1729년	1,480	11,790
1765년	7,210	57,330
1804년	8,670	68,930
1867년	27,360	144,140

⟨조사시기별 가구 구성비⟩

㉠ 1804년 대비 1867년의 가구당 인구수는 증가하였다.
㉡ 1765년 상민가구 수는 1804년 양반가구 수보다 적다.
㉢ 노비가구 수는 1804년이 1765년보다는 적고 1867년보다는 많다.
㉣ 1729년 대비 1765년에 상민가구 구성비는 감소하였고 상민가구 수는 증가하였다.

① ㉠㉡
② ㉠㉢
③ ㉡㉣
④ ㉠㉢㉣
⑤ ㉠㉡㉢㉣

30. 다음은 사원 6명의 A~E항목 평가 자료의 일부이다. 이에 대한 설명 중 옳은 것은?

(단위 : 점)

과목 사원	A	B	C	D	E	평균
김영희	( )	14	13	15	( )	( )
이민수	12	14	( )	10	14	13.0
박수민	10	12	9	( )	18	11.8
최은경	14	14	( )	17	( )	( )
정철민	( )	20	19	17	19	18.6
신상욱	10	( )	16	( )	16	( )
계	80	( )	( )	84	( )	( )
평균	( )	14.5	14.5	( )	( )	( )

※ 항목별 평가 점수 범위는 0~20점이고, 모든 항목 평가에서 누락자는 없음

※ 사원의 성취수준은 5개 항목 평가 점수의 산술평균으로 결정함

- 평가 점수 평균이 18점 이상 20점 이하 : 우월수준
- 평가 점수 평균이 15점 이상 18점 미만 : 우수수준
- 평가 점수 평균이 12점 이상 15점 미만 : 보통수준
- 평가 점수 평균이 12점 미만 : 기초수준

① 김영희 사원의 성취수준은 E항목 평가 점수가 17점 이상이면 '우수수준'이 될 수 있다.

② 최은경 사원의 성취수준은 E항목 시험 점수에 따라 '기초수준'이 될 수 있다.

③ 신상욱 사원의 평가 점수는 B항목은 13점, D항목은 15점으로 성취수준은 '우수수준'이다.

④ 이민수 사원의 C항목 평가 점수는 정철민 사원의 A항목 평가 점수보다 높다.

⑤ 박수민 사원의 D항목 평가 점수는 신상욱 사원의 평균보다 높다.

31. 신입사원 A는 상사로부터 아직까지 '올해의 직원상' 투표에 참여하지 않은 사원들에게 투표 참여 안내 문자를 발송하라는 지시를 받았다. 다음에 제시된 내용을 바탕으로 할 때, A가 문자를 보내야하는 사원은 몇 명인가?

'올해의 직원人상' 후보에 총 5명(甲~戊)이 올랐다. 수상자는 120명의 신입사원 투표에 의해 결정되며 투표규칙은 다음과 같다.

- 투표권자는 한 명당 한 장의 투표용지를 받고, 그 투표용지에 1순위와 2순위 각 한 명의 후보자를 적어야 한다.
- 투표권자는 1순위와 2순위로 동일한 후보자를 적을 수 없다.
- 투표용지에 1순위로 적힌 후보자에게는 5점이, 2순위로 적힌 후보자에게는 3점이 부여된다.
- '올해의 직원人상'은 개표 완료 후, 총 점수가 가장 높은 후보자가 수상하게 된다.
- 기권표와 무효표는 없다.

현재 투표까지 중간집계 점수는 다음과 같다.

후보자	중간집계 점수
甲	360점
乙	15점
丙	170점
丁	70점
戊	25점

① 50명
② 45명
③ 40명
④ 35명
⑤ 30명

|32~33| 다음 자료를 보고 이어지는 물음에 답하시오.

〈지역별, 소득계층별, 점유형태별 최저주거기준 미달가구 비율〉

(단위 : %)

구분		최저주거기준 미달	면적기준 미달	시설기준 미달	침실기준 미달
지역	수도권	51.7	66.8	37.9	60.8
	광역시	18.5	15.5	22.9	11.2
	도지역	29.8	17.7	39.2	28.0
	계	100.0	100.0	100.0	100.0
소득계층	저소득층	65.4	52.0	89.1	33.4
	중소득층	28.2	38.9	9.4	45.6
	고소득층	6.4	9.1	1.5	21.0
	계	100.0	100.0	100.0	100.0
점유형태	자가	22.8	14.2	27.2	23.3
	전세	12.0	15.3	6.3	12.5
	월세(보증금 有)	37.5	47.7	21.8	49.7
	월세(보증금 無)	22.4	19.5	37.3	9.2
	무상	5.3	3.3	7.4	5.3
	계	100.0	100.0	100.0	100.0

32. 다음 중 위의 자료를 바르게 분석하지 못한 것은?

① 점유형태가 무상인 경우의 미달가구 비율은 네 가지 항목 모두에서 가장 낮다.

② 침실기준 미달 비율은 수도권, 도지역, 광역시 순으로 높다.

③ 지역과 소득계층 면에서는 광역시에 거주하는 고소득층의 면적기준 미달 비율이 가장 낮다.

④ 저소득층은 중소득층보다 침실기준 미달 비율이 더 낮다.

⑤ 수도권 가구 수가 광역시와 도지역 가구 수의 합과 동일 하다면 최저주거기준 미달가구는 수도권이 나머지 지역의 합보다 많다.

33. 광역시의 시설기준 미달가구 비율 대비 수도권의 시설기준 미달가구 비율의 배수와 저소득층의 침실기준 미달가구 비율 대비 중소득층의 침실기준 미달가구 비율의 배수는 각각 얼마인가? (단, 반올림하여 소수 둘째 자리까지 표시함)

① 1.52배, 1.64배

② 1.58배, 1.59배

③ 1.66배, 1.37배

④ 1.72배, 1.28배

⑤ 1.74배, 1.22배

34. 다음은 ×월 ×일 오전 K공항 제1여객터미널의 공항 예상 혼잡도에 대한 자료이다. 자료를 잘못 분석한 것은?

(단위 : 명)

시간	입국장				출국장			
	A/B	C	D	E/F	1/2	3	4	5/6
0~1시	0	714	0	0	0	0	471	0
1~2시	0	116	0	0	0	0	350	0
2~3시	0	0	0	0	0	0	59	0
3~4시	0	0	0	0	0	0	287	0
4~5시	0	998	0	0	0	0	1,393	0
5~6시	0	1,485	1,298	0	0	0	3,344	0
6~7시	1,573	1,327	1,081	542	714	488	2,261	739
7~8시	3,126	549	132	746	894	1,279	1,166	1,778
8~9시	978	82	82	1,067	1,110	1,432	1,371	1,579
9~10시	1,187	376	178	1,115	705	955	1,374	1,156
10~11시	614	515	515	140	724	911	1,329	1,344
11~12시	1,320	732	1,093	420	747	851	1,142	1,024
합계	8,798	6,894	4,379	4,030	4,894	5,916	14,547	7,620

① 이날 오전 가장 많은 사람이 이용한 곳은 출국장 4이다.

② 이날 오전 출국장을 이용한 사람은 입국장을 이용한 사람 보다 많다.

③ 9~12시 사이에 출국장 1/2를 이용한 사람 수는 이날 오전 출국장 1/2를 이용한 사람 수의 50% 이상이다.

④ 입국장 A/B와 출국장 5/6은 가장 혼잡한 시간대가 동일하다.

⑤ 10~11시 사이 가장 혼잡했던 입국장 이용객 수는 7~8시 사이에 가장 혼잡했던 출국장 이용객 수의 30% 이상이다.

35. 다음은 A사에서 사원에게 지급하는 수당에 대한 자료이다. 2023년 7월 현재 부장 甲의 근무연수는 12년 2개월이고, 기본급은 300만 원이다. 2023년 7월 甲의 월급은 얼마인가? (단, A사 사원의 월급은 기본급과 수당의 합으로 계산되고 제시된 수당 이외의 다른 수당은 없으며, 10년 이상 근무한 직원의 정근수당은 기본급의 50%를 지급한다.)

구분	지급 기준	비고
정근수당	근무연수에 따라 기본급의 0~50% 범위 내 차등 지급	매년 1월, 7월 지급
명절 휴가비	기본급의 60%	매년 2월(설), 10월(추석) 지급
가계 지원비	기본급의 40%	매년 홀수 월에 지급
정액 급식비	130,000원	매월 지급
교통 보조비	• 부장 : 200,000원 • 과장 : 180,000원 • 대리 : 150,000원 • 사원 : 130,000원	매월 지급

① 5,830,000원
② 5,880,000원
③ 5,930,000원
④ 5,980,000원
⑤ 6,030,000원

36. 다음에 제시되는 두 개의 명제를 전제로 할 때, 결론 A, B에 대한 주장으로 알맞은 것은?

> 명제 1. 등산을 좋아하는 사람 중에는 낚시를 좋아하는 사람도 있다.
> 명제 2. 골프를 좋아하는 사람은 등산을 좋아하지만, 낚시는 좋아하지 않는다.
>
> 결론 A. 등산을 좋아하는 사람 모두가 골프를 좋아하는 사람일 수 있다.
> 결론 B. 낚시를 좋아하는 사람 모두가 등산을 좋아하는 사람일 수 있다.

① A만 옳다.
② B만 옳다.
③ A, B 모두 옳다.
④ A, B 모두 옳지 않다.
⑤ 옳은지 그른지 알 수 없다.

37. 다음 조건을 바탕으로 할 때, 김 교수의 연구실 위치한 건물과 오늘 갔던 서점이 위치한 건물을 순서대로 올바르게 짝지은 것은?

> • 최 교수, 김 교수, 정 교수의 연구실은 경영관, 문학관, 홍보관 중 한 곳에 있으며 서로 같은 건물에 있지 않다.
> • 이들은 오늘 각각 자신의 연구실이 있는 건물이 아닌 다른 건물에 있는 서점에 갔었으며, 서로 같은 건물의 서점에 가지 않았다.
> • 정 교수는 홍보관에 연구실이 있으며, 최 교수와 김 교수는 오늘 문학관 서점에 가지 않았다.
> • 김 교수는 정 교수가 오늘 갔던 서점이 있는 건물에 연구실이 있다.

① 문학관, 경영관
② 경영관, 경영관
③ 홍보관, 홍보관
④ 문학관, 홍보관
⑤ 경영관, 문학관

38. R사는 공작기계를 생산하는 업체이다. 이번 주 R사에서 월요일~토요일까지 생산한 공작기계가 다음과 같을 때, 월요일에 생산한 공작기계의 수량이 될 수 있는 수를 모두 더하면 얼마인가? (단, 1대도 생산하지 않은 날은 없었다.)

> • 화요일에 생산된 공작기계는 금요일에 생산된 수량의 절반이다.
> • 이 공장의 최대 하루 생산 대수는 9대이고, 이번 주에는 요일별로 생산한 공작기계의 대수가 모두 달랐다.
> • 목요일부터 토요일까지 생산한 공작기계는 모두 15대이다.
> • 수요일에는 9대의 공작기계가 생산되었고, 목요일에는 이보다 1대가 적은 공작기계가 생산되었다.
> • 월요일과 토요일에 생산된 공작기계를 합하면 10대가 넘는다.

① 10
② 11
③ 12
④ 13
⑤ 14

▌39~40 ▌ 다음은 블루투스 이어폰을 구매하기 위하여 전자제품 매장을 찾은 K씨가 제품 설명서를 보고 점원과 나눈 대화와 설명서 내용의 일부이다. 다음을 보고 이어지는 물음에 답하시오.

> K씨 : "블루투스 이어폰을 좀 사려고 합니다."
> 점원 : "네 고객님, 어떤 조건을 원하시나요?"
> K씨 : "제 것과 친구에게 선물할 것 두 개를 사려고 하는데요, 두 개 모두 가볍고 배터리 사용시간이 좀 길었으면 합니다. 무게는 42g까지가 적당할 거 같고요, 저는 충전시간이 짧으면서도 통화시간이 긴 제품을 원해요. 선물하려는 제품은요, 일주일에 한 번만 충전해도 통화시간이 16시간은 되어야 하고, 음악은 운동하면서 매일 하루 1시간씩만 들을 수 있으면 돼요. 스피커는 고감도인 게 더 낫겠죠."
> 점원 : "그럼 고객님께는 (   )모델을, 친구 분께 드릴 선물로는 (   )모델을 추천해 드립니다."

〈제품 설명서〉

구분	무게	충전시간	통화시간	음악재생 시간	스피커 감도
A모델	40.0g	2.2H	15H	17H	92db
B모델	43.5g	2.5H	12H	14H	96db
C모델	38.4g	3.0H	12H	15H	94db
D모델	42.0g	2.2H	13H	18H	85db

※ A, B모델 : 통화시간 1시간 감소 시 음악재생시간 30분 증가
※ C, D모델 : 음악재생시간 1시간 감소 시 통화시간 30분 증가

39. 다음 중 위 네 가지 모델에 대한 설명으로 옳은 것을 〈보기〉에서 모두 고르면?

〈보기〉
(개) 충전시간 당 통화시간이 긴 제품일수록 음악재생시간이 길다.
(내) 충전시간 당 통화시간이 5시간 이상인 것은 A, D모델이다.
(대) A모델은 통화에, C모델은 음악재생에 더 많은 배터리가 사용된다.
(래) B모델의 통화시간을 10시간으로 제한하면 음악재생시간을 C모델과 동일하게 유지할 수 있다.

① (개), (내) ② (내), (래)
③ (대), (래) ④ (개), (대)
⑤ (내), (대)

40. 다음 중 점원이 K씨에게 추천한 빈칸의 제품이 순서대로 올바르게 짝지어진 것은 어느 것인가?

	K씨	선물
①	C모델	A모델
②	C모델	D모델
③	A모델	C모델
④	A모델	B모델
⑤	A모델	D모델

41. 다음은 행복 아파트의 반려동물 사육규정의 일부이다. 다음과 같은 규정을 참고할 때, 거주자들에게 안내되어야 할 사항으로 적절하지 않은 것은?

제4조 (반려동물 사육 시 준수사항)
① 반려동물은 훈련을 철저히 하며 항상 청결상태를 유지하고, 소음발생 등으로 입주자 등에게 피해를 주지 않아야 한다.
② 반려동물의 사육은 규정된 종류의 동물에 한하며, 연 ○회 이상 정기검진을 실시하고 진드기 및 해충기생 등의 예방을 철저히 하여야 한다.
③ 반려동물을 동반하여 승강기에 탑승할 경우 반드시 안고 탑승, 타인에게 공포감을 주지 말아야 한다.
④ 반려동물과 함께 산책할 경우 반드시 목줄을 사용하여야 하며, 배설물을 수거할 수 있는 장비를 지참하여 즉시 수거하여야 한다.
⑤ 반려동물을 동반한 야간 외출 시 손전등을 휴대하여 타인에게 공포감을 주지 않도록 하여야 한다.
⑥ 앞, 뒤 베란다 배수관 및 베란다 밖으로 배변처리를 금지한다.
⑦ 반려동물과 함께 체육시설, 화단 등 공공시설의 출입을 금지한다.

제5조 (반려동물 사육에 대한 동의)
① 반려견동물을 사육하고자 하는 세대에서는 단지 내 반려
동물 동호회를 만들거나 가입하여 공공의 이익을 위하여
활동할 수 있다.
② 반려동물을 사육하는 세대는 사육 동물의 종류와 마리 수
를 관리실에 고지해야 하며 반려동물을 제외한 기타 가축
을 사육하고자 하는 세대에서는 반드시 관리실의 동의를
구하여야 한다.
③ 반려동물 사육 시 해당동의 라인에서 입주민 다수의 민원
(반상회 건의 등)이 있는 세대에는 재발방지를 위하여 서
약서를 징구할 수 있으며, 이후 재민원이 발생할 경우 관
리규약에 의거하여 반려동물을 사육할 수 없도록 한다.
④ 세대 당 반려동물의 사육두수는 ○마리로 제한한다.
제6조 (환경보호)
① 반려동물을 사육하는 세대는 동호회에서 정기적으로 실시
하는 단지 내 공용부분의 청소에 참여하여야 한다.
② 청소는 동호회에서 관리하며, 청소에 참석하지 않는 세대
는 동호회 회칙으로 정한 청소비를 납부하여야 한다.

① "반려동물 동호회에 가입하지 않으신 반려동물 사육 세대
에서도 공용부분 청소에 참여하셔야 합니다."
② "반려동물을 사육하는 세대는 사육 동물의 종류와 마리 수
를 관리실에 반드시 고지하셔야 합니다."
③ "단지 내 주민 체육관에는 반려동물을 데리고 입장하실 수
없으니 착오 없으시기 바랍니다."
④ "반려동물을 동반하고 이동하실 경우, 승강기 이용이 제한
되오니 반드시 계단을 이용해 주시기 바랍니다."
⑤ "반려동물 사육에 따른 주민들의 불편이 가중될 경우 사육
이 금지될 수도 있으니 이 점 양해 바랍니다."

42. K공사에서는 신도시 건설 예상 지역에 철로 연결과 관련
한 사업 타당성 조사를 벌여 다음과 같은 SWOT 환경 분석 보
고서를 작성하고 그에 맞는 전략을 제시하였다. 다음 자료를
참고하여 세운 전략이 적절하지 않은 것은 어느 것인가?

SWOT 분석은 내부 환경요인과 외부 환경요인의 2개의 축
으로 구성되어 있다. 내부 환경요인은 자사 내부의 환경을 분
석하는 것으로 분석은 다시 자사의 강점과 약점으로 분석된
다. 외부환경요인은 자사 외부의 환경을 분석하는 것으로 분
석은 다시 기회와 위협으로 구분된다. 내부 환경요인과 외부
환경요인에 대한 분석이 끝난 후에 매트릭스가 겹치는 SO,
WO, ST, WT에 해당되는 최종 분석을 실시하게 된다. 내부
의 강점과 약점을, 외부의 기회와 위협을 대응시켜 기업의 목
표를 달성하려는 SWOT분석에 의한 발전전략의 특성은 다음
과 같다.
• SO전략 : 외부 환경의 기회를 활용하기 위해 강점을 사용
하는 전략 선택
• ST전략 : 외부 환경의 위협을 회피하기 위해 강점을 사용
하는 전략 선택
• WO전략 : 자신의 약점을 극복함으로써 외부 환경의 기회를
활용하는 전략 선택
• WT전략 : 외부 환경의 위협을 회피하고 자신의 약점을 최
소화하는 전략 선택

강점 (Strength)	• 철로 건설에 따른 수익률 개선 및 주변 지역 파급효과 기대 • K공사의 축적된 기술력과 노하우
약점 (Weakness)	• 해당 지역 연락사무소 부재로 원활한 업무 기대 난망 • 과거 건설사고 경험으로 인한 계약 낙찰 불투명
기회 (Opportunity)	• 현지 가용한 근로인력 다수 확보 가능 • 신도시 건설 예상지이므로 정부의 규제 및 제도적 지원 가능
위협 (Threat)	• 지반 문제로 인한 철로 건설비용 증가 예상 • 경쟁업체와의 극심한 경쟁 예상

① 자사의 우수한 기술력을 통해 경쟁을 극복하려는 것은 ST
전략이다.
② 입찰 전이라도 현지에 연락사무소를 미리 설치하여 경쟁업
체의 동향을 파악해 보는 것은 WT전략이다.
③ 현지에 근로인력에게 자사의 기술을 교육 및 전수하여 공
사를 진행하려는 것은 SO전략이다.

④ 건설비용 추가 발생 우려가 있으나 인근 지역 개발 기회가 부여될 수 있다는 기대감에 중점을 두는 것은 WO전략이다.

⑤ 사고 경험은 경쟁사와의 경쟁에 치명적 약점이 될 수 있으므로 우수 건설 사례를 찾아 적극 홍보하려는 전략은 WT전략이다.

43. 공연기획사인 A사는 이번에 주최한 공연을 보러 오는 관객을 기차역에서 공연장까지 버스로 수송하기로 하였다. 다음의 표와 같이 공연 시작 4시간 전부터 1시간 단위로 전체 관객 대비 기차역에 도착하는 관객의 비율을 예측하여 버스를 운행하고자 하며, 공연 시작 시간 전까지 관객을 모두 수송해야 한다. 다음을 바탕으로 예상한 수송 시나리오 중 옳은 것을 모두 고르면?

▣ 전체 관객 대비 기차역에 도착하는 관객의 비율	
시각	전체 관객 대비 비율(%)
공연 시작 4시간 전	a
공연 시작 3시간 전	b
공연 시작 2시간 전	c
공연 시작 1시간 전	d
계	100

• 전체 관객 수는 40,000명이다.
• 버스는 한 번에 대당 최대 40명의 관객을 수송한다.
• 버스가 기차역과 공연장 사이를 왕복하는 데 걸리는 시간은 6분이다.

▣ 예상 수송 시나리오
㉠ $a = b = c = d = 25$라면, 회사가 전체 관객을 기차역에서 공연장으로 수송하는 데 필요한 버스는 최소 20대이다.
㉡ $a = 10$, $b = 20$, $c = 30$, $d = 40$이라면, 회사가 전체 관객을 기차역에서 공연장으로 수송하는 데 필요한 버스는 최소 40대이다.
㉢ 만일 공연이 끝난 후 2시간 이내에 전체 관객을 공연장에서 기차역까지 버스로 수송해야 한다면, 이때 회사에게 필요한 버스는 최소 50대이다.

① ㉠   ② ㉡
③ ㉠㉡   ④ ㉠㉢
⑤ ㉡㉢

┃44~45┃ 다음은 TV 매뉴얼의 일부이다. 물음에 답하시오.

〈문제해결〉

본 제품이 켜지지 않거나 화면이 나오지 않을 경우, 아래 기술된 항목을 먼저 확인하세요. 또한 본 제품이 작동이 제대로 되지 않을 경우에는 'e-설명서의 문제 진단 및 확인'을 참고하세요. 문제가 해결되지 않는다면, 가까운 서비스센터나 홈페이지로 문의하세요.

문제점	해결 방법
전원이 갑자기 꺼져요.	• 취침 예약이 설정되어 있는지 확인하세요. • 자동 전원 끄기 예약이 설정되어 있는지 확인하세요. • 자동 꺼짐 시간 예약이 설정되어 있는지 확인하세요.
전원이 켜지지 않아요.	• 안테나 케이블의 연결을 확인하세요. • 케이블 방송 수신기의 전원을 켜세요. • 위성 리시버의 전원을 켜세요.
제품에서 똑똑 소리가 나요.	TV 외관의 기구적 수축이나 팽창 때문에 나타날 수 있는 현상입니다. 제품의 고장이 아니므로 안심하고 사용하세요.
제품이 뜨거워요.	• 패널의 열이 제품 상부의 통풍구로 방출되므로, 장시간 사용 시 제품 상단을 만졌을 때 뜨겁게 느낄 수 있으므로 주의하세요. • 특히, 아이와 함께 시청할 때는 제품 상단을 만지지 않도록, 보호자의 주의가 필요합니다. • 열이 발생하는 것은 제품의 결함이나 동작 사용상의 문제가 되는 것이 아니므로 안심하고 사용하세요.
리모컨 동작이 안돼요.	• 새 건전지로 교체해 보세요. • TV와 스마트 리모컨을 재 연결해보세요.

※ 본 제품의 패널은 제조 공정상의 기술적인 한계로 인하여 1PPM 정도의 픽셀이 밝게 보이거나 어둡게 보일 수 있으나, 이것은 제품의 성능에 영향을 주지 않습니다.
※ 소프트웨어 업데이트를 자주 하여 최적의 상태로 유지하세요. 업데이트에 관한 자세한 사항은 'e-설명서 내 일반설정→소프트웨어 업데이트하기'를 참고하세요.

44. 다음 글에 나타난 문제점을 해결하기 위한 영준이의 행동으로 옳은 것은?

영준이는 퇴근 후 축구경기을 시청하기 위해 TV를 켜서 채널을 돌리던 도중 갑자기 화면이 꺼지는 현상을 경험했다. 대수롭지 않게 다시 TV 전원을 켜서 축구 경기를 한 시간 가량 보고 있는데, 다시 TV가 꺼지고 말았다.

① 케이블 방송 수신기의 전원을 킨다.
② TV와 스마트 리모컨을 재 연결한다.
③ 취침 예약이 되어있는지 확인한다.
④ 안테나 케이블의 연결을 확인한다.
⑤ 리모컨을 새 건전지로 교체한다.

45. 위 매뉴얼을 참고하여 해결할 수 없는 문제점은?

① LED 램프에 불이 들어오지 않는 경우
② 전원이 켜지지 않는 경우
③ 전원이 갑자기 꺼지는 경우
④ 제품에서 뚝뚝 소리가 나는 경우
⑤ 리모컨 작동이 안되는 경우

46. 다음 글을 근거로 판단할 때, 김 과장이 단식을 시작한 첫 주 월요일부터 일요일까지 한 끼만 먹은 요일(끼니때)은?

김 과장은 건강상의 이유로 간헐적 단식을 시작하기로 했다. 김 과장이 선택한 간헐적 단식 방법은 월요일부터 일요일까지 일주일 중에 2일을 선택하여 아침 혹은 저녁 한 끼 식사만 하는 것이다. 단, 단식을 하는 날 전후로 각각 최소 2일 간은 정상적으로 세 끼 식사를 하고, 업무상의 식사 약속을 고려하여 단식일과 방법을 유동적으로 결정하기로 했다. 또 한 단식을 하는 날 이외에는 항상 세 끼 식사를 한다.
간헐적 단식 2주째인 김 과장은 그동안 단식을 했던 날짜를 기록해두기 위해 아래와 같이 최근 식사와 관련된 기억을 떠올렸다.
• 2주차 월요일에는 단식을 했다.
• 지난주에 먹은 아침식사 횟수와 저녁식사 횟수가 같다.
• 지난주 월요일, 수요일, 금요일에는 조찬회의에 참석하여 아침식사를 했다.
• 지난주 목요일에는 업무약속이 있어서 점심식사를 했다.

① 월요일(저녁), 목요일(저녁)
② 화요일(아침), 금요일(아침)
③ 화요일(아침), 금요일(저녁)
④ 화요일(저녁), 금요일(아침)
⑤ 수요일(점심), 목요일(저녁)

47. 김 대리는 지난 여름 휴가 때 선박을 이용하여 '포항→울릉도→독도→울릉도→포항' 순으로 여행을 다녀왔다. 다음에 제시된 내용을 바탕으로 김 대리가 휴가를 냈던 기간을 추론하면?

• '포항→울릉도' 선박은 매일 오전 10시, '울릉도→포항' 선박은 매일 오후 3시에 출발하며, 편도 운항에 3시간이 소요된다.
• 울릉도에서 출발해 독도를 돌아보는 선박은 매주 화요일과 목요일 오전 8시에 출발하여 당일 오전 11시에 돌아온다.
• 최대 파고가 3m 이상인 날은 모든 노선의 선박이 운항되지 않는다.
• 김 대리는 매주 금요일에 술을 마시는데, 술을 마신 다음 날은 멀미가 심해서 선박을 탈 수 없다.
• 이번 여행 중 김 대리는 울릉도에서 호박엿 만들기 체험을 했는데, 호박엿 만들기 체험은 매주 월·금요일 오후 6시에만 할 수 있다.

〈2016년 7월 최대 파고〉

일	월	화	수	목	금	토
16 Ꝓ 1.0	17 Ꝓ 1.4	18 Ꝓ 3.2	19 Ꝓ 2.7	20 Ꝓ 2.8	21 Ꝓ 3.7	22 Ꝓ 2.0
23 Ꝓ 0.7	24 Ꝓ 3.8	25 Ꝓ 2.8	26 Ꝓ 2.7	27 Ꝓ 0.5	28 Ꝓ 3.7	29 Ꝓ 3.3

Ꝓ : 최대 파고(단위 : m)

① 7월 16일(일)~19일(수)
② 7월 19일(수)~22일(토)
③ 7월 20일(목)~23일(일)
④ 7월 21일(금)~24일(월)
⑤ 7월 23일(일)~26일(수)

48. 다음은 K철도공사 근처의 〈맛집 정보〉이다. 주어진 평가 기준에 따라 가장 높은 평가를 받은 곳으로 신년회를 예약하라는 지시를 받았다. K철도공사의 신년회 장소는?

〈맛집 정보〉

항목 음식점	종류	이동 거리	가격	맛 평점	예약
A식당	중식	150m	7,500원	★★☆	○
B식당	양식	170m	8,000원	★★★	○
C식당	한식	80m	10,000원	★★★★	○
D식당	일식	350m	9,000원	★★★★☆	×
E식당	양식	300m	9,500원	★★★☆	○

※ ☆은 ★의 반 개를 의미하며, 가격은 1인 기준이다. 평점은 별 ★ 5개가 만점이다.

〈평가 기준〉
• 평가항목 중 이동거리, 가격, 맛 평점에 대하여 각 항목별로 5, 4, 3, 2, 1점을 각각의 음식점에 하나씩 부여한다.
 −이동거리가 짧은 음식점일수록 높은 점수를 준다.
 −가격이 낮은 음식점일수록 높은 점수를 준다.
 −맛 평점이 높은 음식점일수록 높은 점수를 준다.
• 평가항목 중 음식 종류에 대하여 일식 5점, 한식 4점, 양식 3점, 중식 2점을 부여한다.
• 방 예약이 가능한 경우 가점 1점을 부여한다.
• 총점은 종류, 이동거리, 가격, 맛 평점의 4가지 평가항목에서 부여 받은 점수와 가점을 합산하여 산출한다.

① A식당

② B식당

③ C식당

④ D식당

⑤ E식당

49. 다음은 이야기 내용과 그에 관한 설명이다. 이야기에 관한 설명 중 이야기 내용과 일치하는 것은 모두 몇 개인가?

[이야기 내용]
A국의 역사를 보면 갑, 을, 병, 정의 네 나라가 시대 순으로 연이어 존재했다. 네 나라의 수도는 각각 달랐는데 관주, 금주, 평주 한주 중 하나였다. 한주가 수도인 나라는 평주가 수도인 나라의 바로 전 시기에 있었고, 금주가 수도인 나라는 관주가 수도인 나라의 바로 다음 시기에 있었으나, 정보다는 이전 시기에 있었다. 병은 가장 먼저 있었던 나라는 아니지만, 갑보다 이전 시기에 있었다. 병과 정은 시대 순으로 볼 때 연이어 존재하지 않았다.

[이야기에 관한 설명]
1. 금주는 갑의 수도이다.
2. 관주는 병의 수도이다.
3. 평주는 정의 수도이다.
4. 을은 갑의 다음 시기에 존재하였다.
5. 평주는 가장 마지막에 존재한 나라의 수도이다.
6. 을과 병은 연이어 존재했다.

① 0개

② 1개

③ 2개

④ 3개

⑤ 4개

50. 다음은 Z국가의 국고보조금 계상과 관련된 법조문이다. 이를 근거로 제시된 상황을 판단할 때, 2023년 甲정당에 지급할 국고보조금 총액은?

제00조(국고보조금의 계상)

① 국가는 정당에 대한 보조금으로 최근 실시한 임기만료에 의한 국회의원선거의 선거권자 총수에 보조금 계상단가를 곱한 금액을 매년 예산에 계상하여야 한다.

② 대통령선거, 임기만료에 의한 국회의원선거 또는 동시지방선거가 있는 연도에는 각 선거(동시지방선거는 하나의 선거로 본다)마다 보조금 계상단가를 추가한 금액을 제1항의 기준에 의하여 예산에 계상하여야 한다.

③ 제1항 및 제2항에 따른 보조금 계상단가는 전년도 보조금 계상단가에 전전년도와 대비한 전년도 전국소비자물가 변동률을 적용하여 산정한 금액을 증감한 금액으로 한다.

④ 중앙선거관리위원회는 제1항의 규정에 의한 보조금(경상보조금)은 매년 분기별로 균등분할하여 정당에 지급하고, 제2항의 규정에 의한 보조금(선거보조금)은 당해 선거의 후보자등록마감일 후 2일 이내에 정당에 지급한다.

• 2022년 실시된 임기만료에 의한 국회의원선거의 선거권자 총수는 3천만 명이었고, 국회의원 임기는 4년이다.
• 2022년 정당에 지급된 국고보조금의 보조금 계상단가는 1,000원이었다.
• 전국소비자물가 변동률을 적용하여 산정한 보조금 계상단가는 전년 대비 매년 30원씩 증가한다.
• 2023년에는 5월에 대통령선거가 있고 8월에 임기만료에 의한 동시지방선거가 있다. 각 선거의 한 달 전에 후보자등록을 마감한다.
• 2024년에는 대통령선거, 임기만료에 의한 국회의원선거 또는 동시지방선거가 없다.

① 600억 원
② 618억 원
③ 900억 원
④ 927억 원
⑤ 953억 원

51. 철도산업발전기본법령상 철도운영에 해당하지 않는 것은?

① 화물 운송
② 철도시설 및 철도부지 등을 활용한 부대사업개발 및 서비스
③ 열차의 운행관리 및 철도차량의 정비
④ 객차 및 특수차
⑤ 철도 여객

52. 철도산업발전기본법령상 철도안전에 관한 설명으로 옳지 않은 것은?

① 국가는 철도안전에 필요한 법적·제도적 장치를 마련하고 재원을 확보하도록 노력하여야 한다.
② 철도시설관리자는 해당 시설과 이를 이용하려는 철도차량 간의 성능검증 및 안전상태 점검 등 안전확보에 필요한 조치를 하여야 한다.
③ 철도운영자는 철도차량 및 장비 등의 안전성을 확보하고 이를 향상시키기 위해 노력하여야 한다.
④ 지방자치단체의 장은 철도사고조사를 위한 전담기구와 전문 인력은 확보하여야 한다.
⑤ 철도차량 및 장비 등의 제조업자는 법령에서 정하는 바에 따라 제조하는 철도차량 및 장비 등의 구조·설비 및 장치의 안전성을 확보하여야 한다.

53. 철도산업발전기본법령상 국토교통부장관이 철도청장으로부터 이관 받은 철도청의 시설자산을 위탁할 수 없는 기관은?

① 철도공사
② 국가철도공단
③ 민법에 의해 설립된 영리법인
④ 상법에 의해 설립된 주식회사
⑤ 관련 기관 및 단체

54. 철도산업발전기본법령상 국토교통부장관의 승인을 얻어 철도서비스의 제한 또는 중지를 취할 수 있는 경우로 옳지 않은 것은?

① 철도사고의 발생빈도가 높고 공익성이 부족한 경우
② 수지균형의 확보가 극히 곤란하여 경영상 어려움이 발생한 경우
③ 공익서비스비용에 대한 적정한 보상이 이루어지지 아니한 경우
④ 원인제공자가 위원회의 조정에 따르지 아니한 경우
⑤ 공익서비스비용을 원인제공자가 부담하지 아니한 경우

55. 한국철도공사법령상 역 시설 개발 및 운영사업으로서 대통령령으로 정하는 사업이 아닌 것은?

① 철도시설의 유지·보수 등 국가로부터 위탁 받은 사업
② 환승시설
③ 철도이용객의 편의를 증진하기 위한 시설
④ 철도운영이나 철도와 다른 교통수단과의 연계운송을 위한 시설
⑤ 역사와 같은 건물 안에 있는 시설로서 문화 및 집회시설

56. 한국철도공사법령상 국토교통부장관의 지도·감독을 받아야 할 업무로 옳지 않은 것은?

① 철도서비스 품질 개선에 관한 사항
② 연도별 사업계획 및 예산에 관한 사항
③ 철도사업계획의 이행에 관한 사항
④ 철도의 안전을 확보하기 위한 사항
⑤ 철도공사 임직원에 채용에 관한 사항

57. 철도사업법령상 철도차량의 유형을 분류할 때 기준이 되는 것은?

① 운행속도　　② 운행종류
③ 운행거리　　④ 운행기간
⑤ 운행시간

58. 철도사업법령상 열차를 이용하는 여객이 정당한 요금을 지급하지 않고 열차를 이용한 경우 승차구간에 해당하는 운임 외에 징수할 수 있는 부가운임의 범위는?

① 5배의 범위　　② 10배의 범위
③ 15배의 범위　　④ 20배의 범위
⑤ 30배의 범위

59. 철도사업법령상 철도사업자에게 사업정지처분을 해야 할 경우 그 사업정지처분을 갈음하여 부과·징수할 수 있는 과징금의 최대금액은?

① 1천만 원　　② 5천만 원
③ 7천만 원　　④ 1억 원
⑤ 2억 원

60. 철도사업법령상 국토교통부장관이 철도서비스의 품질평가를 실시한 후 그 결과를 공표할 때 포함해야 할 사항으로 옳지 않은 것은?

① 철도사업자의 재무상태
② 철도사업자별 평가순위
③ 평가지표별 평가결과
④ 철도서비스의 품질 향상도
⑤ 철도서비스에 대한 품질평가결과와 국토교통부장관이 공표가 필요하다고 인정하는 사항

코레일(한국철도공사) 필기시험

성	명

아래에 문구를 빈칸에 정자로 기재하시오.

햇볕이 쏟아지는 가을날에 선선한 바람을 맞으며 하루를 보낸다.

필적확인란 :

직업기초능력평가

1	① ② ③ ④ ⑤	16	① ② ③ ④ ⑤	31	① ② ③ ④ ⑤
2	① ② ③ ④ ⑤	17	① ② ③ ④ ⑤	32	① ② ③ ④ ⑤
3	① ② ③ ④ ⑤	18	① ② ③ ④ ⑤	33	① ② ③ ④ ⑤
4	① ② ③ ④ ⑤	19	① ② ③ ④ ⑤	34	① ② ③ ④ ⑤
5	① ② ③ ④ ⑤	20	① ② ③ ④ ⑤	35	① ② ③ ④ ⑤
6	① ② ③ ④ ⑤	21	① ② ③ ④ ⑤	36	① ② ③ ④ ⑤
7	① ② ③ ④ ⑤	22	① ② ③ ④ ⑤	37	① ② ③ ④ ⑤
8	① ② ③ ④ ⑤	23	① ② ③ ④ ⑤	38	① ② ③ ④ ⑤
9	① ② ③ ④ ⑤	24	① ② ③ ④ ⑤	39	① ② ③ ④ ⑤
10	① ② ③ ④ ⑤	25	① ② ③ ④ ⑤	40	① ② ③ ④ ⑤
11	① ② ③ ④ ⑤	26	① ② ③ ④ ⑤	41	① ② ③ ④ ⑤
12	① ② ③ ④ ⑤	27	① ② ③ ④ ⑤	42	① ② ③ ④ ⑤
13	① ② ③ ④ ⑤	28	① ② ③ ④ ⑤	43	① ② ③ ④ ⑤
14	① ② ③ ④ ⑤	29	① ② ③ ④ ⑤	44	① ② ③ ④ ⑤
15	① ② ③ ④ ⑤	30	① ② ③ ④ ⑤	45	① ② ③ ④ ⑤

46	① ② ③ ④ ⑤
47	① ② ③ ④ ⑤
48	① ② ③ ④ ⑤
49	① ② ③ ④ ⑤
50	① ② ③ ④ ⑤

철도관련법령

61	① ② ③ ④ ⑤
62	① ② ③ ④ ⑤
63	① ② ③ ④ ⑤
64	① ② ③ ④ ⑤
65	① ② ③ ④ ⑤
66	① ② ③ ④ ⑤
67	① ② ③ ④ ⑤
68	① ② ③ ④ ⑤
69	① ② ③ ④ ⑤
70	① ② ③ ④ ⑤

생 년 월 일

⓪	⓪	⓪	⓪	⓪	⓪	⓪	⓪
①	①	①	①	①	①	①	①
②	②	②	②	②	②	②	②
③	③	③	③	③	③	③	③
④	④	④	④	④	④	④	④
⑤	⑤	⑤	⑤	⑤	⑤	⑤	⑤
⑥	⑥	⑥	⑥	⑥	⑥	⑥	⑥
⑦	⑦	⑦	⑦	⑦	⑦	⑦	⑦
⑧	⑧	⑧	⑧	⑧	⑧	⑧	⑧
⑨	⑨	⑨	⑨	⑨	⑨	⑨	⑨

코레일
(한국철도공사)
필기시험 모의고사

- 제 3 회 -

성명		생년월일	
시험시간	70분	문항수	60문항

〈응 시 전 주의사항〉

○ 문제지 해당란과 OMR답안지에 성명과 생년월일을 정확하게 기재하십시오.

○ 기재착오, 누락 등으로 인한 불이익은 응시자 본인의 책임이니 OMR 답안지 작성에 유의하십시오.

○ 필기시험의 만점은 100점으로 합니다.

SEOWONGAK
(주)서원각

1 다음 글과 어울리는 사자성어로 적절한 것은?

진나라의 사마위강은 자신이 모시는 도공에게 이런 말을 하였다. "전하, 나라가 편안할 때일수록 위기가 닥쳐올 것을 대비해야 합니다. 위기가 닥칠 것을 대비해 항상 만반의 준비를 하고 있어야 합니다. 미리 준비를 하고 있으면 걱정할 것이 아무것도 없습니다." 이 말을 깊이 새겨들은 도강은 위기에 대처할 수 있도록 준비하였고, 마침내 천하통일을 이루었다.

① 토사구팽(兎死狗烹)

② 유비무환(有備無患)

③ 와신상담(臥薪嘗膽)

④ 선공후사(先公後私)

⑤ 맥수지탄(麥秀之嘆)

2 밑줄 친 단어를 바꾸어 쓰기에 적절한 것은?

조선시대 우리의 전통적인 전술은 흔히 장병(長兵)이라고 불리는 것이었다. 장병은 기병(騎兵)과 보병(步兵)이 모두 궁시(弓矢)나 화기(火器) 같은 장거리 무기를 주무기로 삼아 원격전(遠隔戰)에서 적을 제압하는 것이 특징이었다. 이에 반해 일본의 전술은 창과 검을 주무기로 삼아 근접전(近接戰)에 치중하였기 때문에 단병(短兵)이라 일컬어졌다. 이러한 전술상의 차이로 인해 임진왜란 이전에는 조선의 전력(戰力)이 일본의 전력을 압도하는 형세였다. 조선의 화기 기술은 고려 말 왜구를 효과적으로 격퇴하는 방도로 수용된 이래 발전을 거듭했지만, 단병에 주력하였던 일본은 화기 기술을 습득하지 못하고 있었다.

그러나 이러한 전력상의 우열관계는 임진왜란 직전 일본이 네덜란드 상인들로부터 조총을 구입함으로써 역전되고 말았다. 일본의 새로운 장병 무기가 된 조총은 조선의 궁시나 화기보다도 사거리나 정확도 등에서 훨씬 우세하였다. 조총은 단지 조선의 장병 무기류를 압도하는데 그치지 않고 일본이 본래 가지고 있던 단병 전술의 장점을 십분 발휘하게 하였다. 조선이 임진왜란 때 육전(陸戰)에서 참패를 <u>거듭</u>한 것은 정치·사회 전반의 문제가 일차적 원인이겠지만, 이러한 전술상의 문제에도 전혀 까닭이 없지 않았던 것이다. 그러나 일본은 근접전이 불리한 해전(海戰)에서 조총의 화력을 압도하는 대형 화기의 위력에 눌려 끝까지 열세를 만회하지 못했다. 일본은 화약무기 사용의 전통이 길지 않았기 때문에 해전에서도 조총만을 사용하였다. 반면 화기 사용의 전통이 오래된 조선의 경우 비록 육전에서는 소형화기가 조총의 성능을 당해내지 못했지만, 해전에서는 함선에 탑재한 대형 화포의 화력이 조총의 성능을 압도하였다. 해전에서 조선 수군이 거둔 승리는 이순신의 탁월한 지휘력에도 힘입은 바 컸지만, 이러한 장병 전술의 우위가 승리의 기본적인 토대가 되었던 것이다.

① 반복　　　　　　　② 제압

③ 장만　　　　　　　④ 작용

⑤ 각오

1

3 다음 글을 읽고 독자의 반응으로 옳지 않은 것으로 짝지어진 것은?

1918년 캘리포니아의 요세미티 국립공원에 인접한 헤츠헤치 계곡에 댐과 저수지를 건설하자는 제안을 놓고 중요한 논쟁이 벌어졌다. 샌프란시스코 시에 물이 부족해지자 헤츠헤치 계곡을 수몰시키는 댐을 건설하여 샌프란시스코에 물을 안정적으로 공급하자는 계획이 등장한 것이다. 이 계획안을 놓고 핀쇼와 뮤어 사이에 중요한 논쟁이 벌어지는데, 이는 이후 환경문제에 대한 유력한 두 가지 견해를 상징적으로 드러낸다.

핀쇼는 당시 미국 산림청장으로서 미국에서 거의 최초로 전문적인 교육과 훈련을 받은 임업전문가 중의 한 사람이었다. 또한 핀쇼는 환경의 보호관리(conservation) 운동의 창시자였다. 이 운동은 산림 지역을 지혜롭게 이용하기 위해서는 이를 보호하는 동시에 적절하게 관리해야 한다는 주장을 폈다. 핀쇼는 국유림을 과학적으로 경영, 관리해야 한다고 생각하였다. 그의 기본 방침은 국유지는 대중의 필요와 사용을 위해 존재한다는 것이었다. 그는 "어떤 사람은 산림이 아름답고 야생 생물의 안식처라는 이유를 들어 이를 보존해야 한다고 주장한다. 하지만 우리의 산림 정책의 목표는 산림을 보존하는 것이 아니라 이를 활용하여 행복한 가정을 꾸미고 대중의 복지를 추구하는 것"이라고 말하였다. 핀쇼는 계곡에 댐을 건설하려는 샌프란시스코시의 계획을 지지하였는데 그 근거는 계곡의 댐 건설이 수백만의 사람들이 필요로 하는 물을 제공할 수 있다는 점이었다. 그는 이것이 자연자원을 가장 효과적으로 사용하는 방법이라고 생각하였다.

반면 시에라 클럽의 창립자이며 자연보존(preservation) 운동의 대변인인 뮤어는 계곡의 보존을 주장하였다. 그는 자연을 인간의 소비를 위한 단순한 상품으로만 간주하는 보호관리주의가 심각한 문제점을 지닌다고 생각하였다. 그는 야생 자연의 정신적이고 심미적인 가치를 강조했으며, 모든 생명체의 내재적 가치를 존중하였다. 그는 헤츠헤치 계곡이 원형대로 보존되어야 하며 댐을 건설하여 계곡을 파괴하는 인간의 행위는 막아야 한다고 주장하였다.

㉠ 정아 : 위 글에는 환경문제에 대한 두 가지 견해가 나타나있어.
㉡ 연수 : 두 명의 전문가의 의견은 서로 대립되고 있어
㉢ 인아 : 당시 미국 산림청장이던 뮤어는 계곡의 보존을 주장하였어.
㉣ 우리 : 핀쇼는 산림정책의 목표를 산림을 활용해서 대중의 복지를 추구하는 것으로 보았어.

① ㉠ ② ㉡
③ ㉢ ④ ㉣
⑤ ㉠㉡

4 다음 중 ㉠과 동일한 의미로 쓰인 것은?

화학반응이 일어나기 위해서는 반드시 어느 정도의 에너지 장벽을 넘어야만 한다. 반응물의 에너지가 생성물의 에너지보다 작은 경우는 당연히 말할 것도 없거니와 반응물의 에너지가 생성물의 에너지보다 큰 경우에도 마찬가지다. 에너지 장벽을 낮추는 것은 화학반응의 속도를 증가시키고 에너지 장벽을 높이는 것은 화학반응의 속도를 감소시킨다. 에너지 장벽의 높이를 조절하는 물질을 화학반응의 촉매라고 한다. 촉매에는 에너지 장벽을 낮추는 정촉매도 있지만 장벽을 높이는 부촉매도 있다.

촉매는 산업 생산에서 요긴하게 활용된다. 특히, 수요가 큰 화학제품을 생산하는 경우 충분히 빠른 화학반응 속도를 얻는 것이 중요하다. 반응 속도가 충분히 빠르지 않으면 생산성이 떨어져 경제성이 악화된다. 생산 공정에서는 반응로의 온도를 높여서 반응 속도를 증가시킨다. 이 때 적절한 촉매를 사용하면, 그런 비용을 획기적으로 절감하면서 생산성을 ㉠높이는 것이 가능하다.

그러나 반응하는 분자들이 복잡한 구조를 지닐 경우에는 반응에 얽힌 상황도 더 복잡해져서 촉매의 투입만으로는 반응 속도를 조절하기 어려워진다. 그런 분자들 간의 반응에서는 분자들이 서로 어떤 방향으로 충돌하는가도 문제가 된다. 즉 에너지 장벽을 넘어설 수 있을 만큼의 에너지가 주어지더라도 반응이 일어날 수 있는 올바른 방향으로 충돌하지 못할 경우에는 화학반응이 일어나지 않는다.

① 우리 회사는 제품의 관심도를 높이는 데 주력하고 있다.
② 회사에서 그의 직급을 과장으로 높여 주었다.
③ 자동차 타이어의 압력을 지나치게 높이면 사고의 가능성이 커진다.
④ 그녀는 우울한 기분을 떨쳐 버리려고 애써 목소리를 높여 말했다.
⑤ 아군의 사기를 높여야 이 싸움에 승산이 있다.

5 다음 중 밑줄 친 단어를 교체하기에 가장 적절한 것은?

프랑스의 과학기술학자인 브루노 라투르는 아파트 단지 등에서 흔히 보이는 과속방지용 둔덕을 통해 기술이 인간에게 어떤 역할을 수행하는지를 흥미롭게 설명한다. 운전자들은 둔덕 앞에서 자연스럽게 속도를 줄인다. 그런데 운전자가 이렇게 하는 이유는 이웃을 생각해서가 아니라, 빠른 속도로 둔덕을 넘었다가는 차에 무리가 가기 때문이다. 즉 둔덕은 "타인을 위해 과속을 하면 안 된다."는 (사람들이 잘 지키지 않는) 도덕적 심성을 "과속을 하면 내 차에 고장이 날 수 있다."는 (사람들이 잘 지키는) 이기적 태도로 바꾸는 역할을 한다. 라투르는 과속방지용 둔덕을 "잠자는 경찰"이라고 부르면서, 이것이 교통경찰의 역할을 대신한다고 보았다. 이렇게 라투르는 인간이 했던 역할을 기술이 대신 수행함으로써 우리 사회의 훌륭한 행위자가 된다고 하였다.

라투르는 총기의 예도 즐겨 사용한다. 총기 사용 규제를 주장하는 사람들은 총이 없으면 일어나지 않을 살인 사건이 총 때문에 발생한다고 주장한다. 반면에 총기 사용 규제에 반대하는 그룹은 살인은 사람이 저지르는 것이며, 총은 중립적인 도구일 뿐이라고 주장한다. 라투르는 전자를 기술결정론, 후자를 사회결정론으로 분류하면서 이 두 가지 입장을 모두 비판한다. 그의 주장은 사람이 총을 가짐으로써 사람도 바뀌고 총도 바뀐다는 것이다. 즉 총과 사람의 합체라는 잡종이 새로운 행위자로 등장하며, 이 잡종 행위자는 이전에 가졌던 목표와는 다른 목표를 가지게 된다. 예를 들어, 원래는 다른 사람에게 겁만 주려 했는데, 총이 손에 쥐어져 있어 살인을 저지르게 되는 식이다.

라투르는 서양의 학문이 자연, 사회, 인간만을 다루어 왔다고 강하게 비판한다. 라투르에 따르면 서양의 학문은 기술과 같은 '비인간'을 학문의 대상에서 제외했다. 과학이 자연을 탐구하려면 기술이 바탕이 되는 실험기기에 의존해야 하지만, 과학은 기술을 학문 대상이 아닌 도구로 취급했다. 사회 구성 요소 중에 가장 중요한 것은 기술이지만, 사회과학자들은 기술에는 관심이 거의 없었다. 철학자들은 인간을 주체/객체로 나누면서, 기술을 저급하고 수동적인 대상으로만 취급했다. 그 결과 기술과 같은 비인간이 제외된 자연과 사회가 근대성의 핵심이 되었다. 결국 라투르는 행위자로서 기술의 능동적 역할에 주목하면서, 이를 통해 서구의 근대적 과학과 철학이 범했던 자연/사회, 주체/객체의 이분법을 극복하고자 하였다.

① 반하는 ② 범하는
③ 전달하는 ④ 중립적인
⑤ 이용하는

6 〈보기〉의 문장이 들어갈 위치로 적절한 것은?

백 명의 학생들을 두 집단으로 나누어 그 중 한 집단에게는 실제로 동전을 백 번 던져서 그 결과를 종이에 기록하라고 하고, 다른 집단에게는 동전을 백 번 던진다고 상상하여 그 결과가 최대한 실제로 던진 것처럼 보이도록 기록하라고 지시했다. ㉠ 전자를 '실제 기록', 후자를 '상상 기록'이라고 하자. 기록을 작성한 학생 말고는 누구도 어느 것이 실제 기록이고 어느 것이 상상 기록인지 모른다. ㉡ 우리의 과제는 기록의 내용을 보고 실제 기록 집단과 상상 기록 집단을 구분해내는 것이다. 그런데 다음과 같은 점들을 염두에 둔다면, 우리는 이 과제를 꽤 성공적으로 수행할 수 있다. ㉢

정상적인 동전을 실제로 던졌을 때 앞면이 나올 확률과 뒷면이 나올 확률은 모두 1/2이다. 그 동전을 두 번 던져 모두 앞면이 나올 확률은 1/4이다. 동전 던지기 횟수를 늘렸을 때 확률이 어떻게 변하는지 보려면 그저 계속 곱하기만하면 된다. ㉣ 결과는 1/64, 즉 2%도 되지 않는다. 그렇지만 이런 낮은 확률은 던진 횟수가 여섯 번일 때에만 해당하는 수치이다. 동전을 던지는 횟수를 증가시키면 같은 면이 여섯 번 연속으로 나올 확률이 높아진다. ㉤

〈보기〉
따라서 여섯 번 연속 앞면이 나올 확률은 1/2을 여섯 번 곱하면 된다.

① ㉠ ② ㉡
③ ㉢ ④ ㉣
⑤ ㉤

7 다음 사례와 어울리는 속담은?

> 높은 벼슬을 지내는 재상이었던 맹상군의 집은 부유하여 많은 사람들이 오고나갔다. 맹상군은 풍헌에게 설읍으로 가서 내가 빌려준 돈을 받은 후 우리 집에 없는 것을 사오라 지시했다. 풍헌은 차용증을 불태워서 설읍 사람들의 빚을 탕감하여 돌아왔고, 대노하는 맹상군에게 이 집에 없는 은혜와 의리를 위해 빚을 없애주었다 고했다. 훗날 맹상군이 제나라 왕의 노여움을 사 파면이 되어 설읍의 땅으로 가게 되었다. 이때 설읍의 사람들은 맹상군을 마중을 나와 크게 환호하며 환대를 받으며 인덕을 높였고 다시 정치로 돌아갈 수 있게 되었다.

① 도끼를 갈아서 바늘을 만든다.
② 지성이면 감천이다.
③ 꼴을 베어 신을 삼겠다.
④ 하나만 알고 둘은 모른다.
⑤ 가꿀 나무는 밑동을 높이 자른다.

8 다음 중 ㉠의 의미로 적절한 것은?

> 우리 민족은 고유한 성(姓)과 더불어 성씨 앞에 특정지역의 명칭을 붙여 사용하고 있다. 이를 본관이라고 하는데, 본관의 사용은 고려시대부터 시작되었다. 고려전기 본관제(本貫制)의 기능은 무엇보다 민(民)에 대한 통제책과 밀접하게 관련되어 있었다. 민의 거주지를 파악하기 위한 수단이었음은 물론 신분, 계층, 역(役) 등을 파악하고 통제하는 수단이 되었다. 운영원리로 볼 때 지역 간 또는 지역 내의 위계적인 지배방식과도 관련되어 있었다. 그리고 그것은 국가권력의 의사가 개별 민에게 일방적으로 관철되는 방식이 아니라 향촌사회에 존재하고 있던 공동체적 관계를 통해 관철되는 방식이었다.
> 12세기부터 향촌사회에서 향촌민이 몰락하여 계급분화가 심화되고 유망(流亡) 현상이 극심하게 ㉠ <u>일어나면서</u>, 본관제를 통한 거주지 통제정책은 느슨해져 갔다. 이러한 상황에 대처하여 고려정부는 민이 거주하고 있는 현재의 거주지를 인정하고 그 거주지의 민을 호적에 올려 수취를 도모하는 정책을 시도하게 되었다. 이에 따라 지역 간 위계를 두는 지배방식을 유지하기 어렵게 되었다. 향소·부곡과 같은 특수행정구역이 감소되었으며, 부곡민도 일반 군현민과 서로 교류하고 이동할 정도로 군현민과의 신분적인 차이가 미미해졌다.
> 향촌사회의 변동은 많은 변화를 초래하였다. 먼저 향리층이 이전처럼 향촌질서를 주도하기 어려워졌다. 향리층은 본관을 떠나 이동하였고, 토착적 성격이 희박해진 속성(續姓)이 증가하였다. 이들은 살기 좋은 곳을 찾아 이주하거나 외향(外鄕)이나 처향(妻鄕)에서 지역 기반을 마련하는 경우가 많았다. 향리층은 아전층인 이족(吏族)과 재지품관층인 사족(士族)으로 분화하기 시작하였고, 이후 사족은 지방관과 함께 향촌사회 지배의 일부를 담당했다. 또한 본관이 점차 관념적인 혈연을 의미하는 것으로 바뀌게 되었고, 동성(同姓)은 본래 동본(同本)이었다는 관념이 커지게 되었다. 동성동본 관념은 성관(姓貫)의 통합을 촉진시켰고, 군소 성관들이 본래의 본관을 같은 성(姓)의 유력 본관에 따라 고치는 현상을 확대시켰다.
> 본관제의 성격이 변화함에 따라, 죄지은 자를 자기 본관으로 돌려보내는 귀향형(歸鄕刑)이나 특정한 역에 편입시키는 충상호형(充常戶刑)과 같은 법제는 폐지되었다. 그러한 법제는 본관제의 기능과 관련해서만 유의미한 것이었기 때문이다.

① 어떤 일이 생기다.
② 어떤 마음이 생기다.
③ 누웠다가 앉거나 앉았다가 서다.
④ 잠에서 깨어나다.
⑤ 약하거나 희미하던 것이 성하여지다.

9 다음 글에 나타난 아리스토텔레스의 견해에 대한 이해로 가장 적절한 것은?

자연에서 발생하는 모든 일은 목적 지향적인가? 자기 몸통보다 더 큰 나뭇가지나 잎사귀를 허둥대며 운반하는 개미들은 분명히 목적을 가진 듯이 보인다. 그런데 가을에 지는 낙엽이나 한밤중에 쏟아지는 우박도 목적을 가질까? 아리스토텔레스는 모든 자연물이 목적을 추구하는 본성을 타고나며, 외적 원인이 아니라 내재적 본성에 따른 운동을 한다는 목적론을 제시한다. 그는 자연물이 단순히 목적을 갖는 데 그치는 것이 아니라 목적을 실현할 능력도 타고나며, 그 목적은 방해받지 않는 한 반드시 실현될 것이고, 그 본성적 목적의 실현은 운동 주체에 항상 바람직한 결과를 가져온다고 믿는다. 아리스토텔레스는 이러한 자신의 견해를 "자연은 헛된 일을 하지 않는다!"라는 말로 요약한다.

근대에 접어들어 모든 사물이 생명력을 갖지 않는 일종의 기계라는 견해가 강조되면서, 아리스토텔레스의 목적론은 비과학적이라는 이유로 많은 비판에 직면한다. 갈릴레이는 목적론적 설명이 과학적 설명으로 사용될 수 없다고 주장하며, 베이컨은 목적에 대한 탐구가 과학에 무익하다고 평가하고, 스피노자는 목적론이 자연에 대한 이해를 왜곡한다고 비판한다. 이들의 비판은 목적론이 인간 이외의 자연물도 이성을 갖는 것으로 의인화한다는 것이다. 그러나 이런 비판과는 달리 아리스토텔레스는 자연물을 생물과 무생물로, 생물을 식물·동물·인간으로 나누고, 인간만이 이성을 지닌다고 생각했다.

일부 현대 학자들은, 근대 사상가들이 당시 과학에 기초한 기계론적 모형이 더 설득력을 갖는다는 일종의 교조적 믿음에 의존했을 뿐, 아리스토텔레스의 목적론을 거부할 충분한 근거를 제시하지 못했다고 비판한다. 이런 맥락에서 볼로틴은 근대 과학이 자연에 목적이 없음을 보이지도 못했고 그렇게 하려는 시도조차 하지 않았다고 지적한다. 또한 우드필드는 목적론적 설명이 과학적 설명은 아니지만, 목적론의 옳고 그름을 확인할 수 없기 때문에 목적론이 거짓이라 할 수도 없다고 지적한다.

17세기의 과학은 실험을 통해 과학적 설명의 참·거짓을 확인할 것을 요구했고, 그런 경향은 생명체를 비롯한 세상의 모든 것이 물질로만 구성된다는 물질론으로 이어졌으며, 물질론 가운데 일부는 모든 생물학적 과정이 물리·화학 법칙으로 설명된다는 환원론으로 이어졌다. 이런 환원론은 살아 있는 생명체가 죽은 물질과 다르지 않음을 함축한다. 하지만 아리스토텔레스는 자연물의 물질적 구성 요소를 알면 그것의 본성을 모두 설명할 수 있다는 엠페도클레스의 견해를 반박했다.

이 반박은 자연물이 단순히 물질로만 이루어진 것이 아니며, 또한 그것의 본성이 단순히 물리·화학적으로 환원되지도 않는다는 주장을 내포한다.

첨단 과학의 발전에도 불구하고 생명체의 존재 원리와 이유를 정확히 규명하는 과제는 아직 진행 중이다. 자연물의 구성 요소에 대한 아리스토텔레스의 탐구는 자연물이 존재하고 운동하는 원리와 이유를 밝히려는 것이었고, 그의 목적론은 지금까지 이어지는 그러한 탐구의 출발점이라 할 수 있다.

① 자연물의 본성적 운동은 외적 원인에 의해 야기되기도 한다.
② 낙엽의 운동은 본성적 목적 개념으로는 설명되지 않는다.
③ 본성적 운동의 주체는 본성을 실현할 능력을 갖고 있다.
④ 자연물의 목적 실현은 때로는 그 자연물에 해가 된다.
⑤ 개미의 본성적 운동은 이성에 의한 것으로 설명된다.

10 다음 글에 대한 이해로 적절하지 않은 것은?

외국 통화에 대한 자국 통화의 교환 비율을 의미하는 환율은 장기적으로 한 국가의 생산성과 물가 등 기초 경제 여건을 반영하는 수준으로 수렴된다. 그러나 단기적으로 환율은 이와 괴리되어 움직이는 경우가 있다. 만약 환율이 예상과는 다른 방향으로 움직이거나 또는 비록 예상과 같은 방향으로 움직이더라도 변동 폭이 예상보다 크게 나타날 경우 경제 주체들은 과도한 위험에 노출될 수 있다. 환율이나 주가 등 경제 변수가 단기에 지나치게 상승 또는 하락하는 현상을 오버슈팅(overshooting)이라고 한다. 이러한 오버슈팅은 물가 경직성 또는 금융 시장 변동에 따른 불안 심리 등에 의해 촉발되는 것으로 알려져 있다. 여기서 물가 경직성은 시장에서 가격이 조정되기 어려운 정도를 의미한다.

물가 경직성에 따른 환율의 오버슈팅을 이해하기 위해 통화를 금융 자산의 일종으로 보고 경제 충격에 대해 장기와 단기에 환율이 어떻게 조정되는지 알아보자. 경제에 충격이 발생할 때 물가나 환율은 충격을 흡수하는 조정 과정을 거치게 된다. 물가는 단기에는 장기 계약 및 공공요금 규제 등으로 인해 경직적이지만 장기에는 신축적으로 조정된다. 반면 환율은 단기에서도 신축적인 조정이 가능하다. 이러한 물가와 환율의 조정 속도 차이가 오버슈팅을 초래한다.

물가와 환율이 모두 신축적으로 조정되는 장기에서의 환율은 구매력 평가설에 의해 설명되는데, 이에 의히면 장기의 환율은 자국 물가 수준을 외국 물가 수준으로 나눈 비율로 나타나며, 이를 균형 환율로 본다. 가령 국내 통화량이 증가하여 유지될 경우 장기에서는 자국 물가도 높아져 장기의 환율은 상승한다. 이때 통화량을 물가로 나눈 실질 통화량은 변하지 않는다.

그런데 단기에는 물가의 경직성으로 인해 구매력 평가설에 기초한 환율과는 다른 움직임이 나타나면서 오버슈팅이 발생할 수 있다. 가령 국내 통화량이 증가하여 유지될 경우, 물가가 경직적이어서 실질 통화량은 증가하고 이에 따라 시장 금리는 하락한다. 국가 간 자본 이동이 자유로운 상황에서, 시장 금리 하락은 투자의 기대 수익률 하락으로 이어져, 단기성 외국인 투자 자금이 해외로 빠져나가거나 신규 해외 투자 자금 유입을 위축시키는 결과를 초래한다. 이 과정에서 자국 통화의 가치는 하락하고 환율은 상승한다. 통화량의 증가로 인한 효과는 물가가 신축적인 경우에 예상되는 환율 상승에, 금리 하락에 따른 자금의 해외 유출이 유발하는 추가적인 환율 상승이 더해진 것으로 나타난다. 이러한 추가적인 상승 현상이 환율의 오버슈팅인데, 오버슈팅의 정도 및 지속성은 물가 경직성이 클수록 더 크게 나타난다. 시간이 경과함에 따라 물가가 상승하여 실질 통화량이 원래 수준으로 돌아오고 해외로 유출되었던 자금이 시장 금리의 반등으로 국내로 복귀하면서, 단기에 과도하게 상승했던 환율은 장기에는 구매력 평가설에 기초한 환율로 수렴된다.

① 환율의 오버슈팅이 발생한 상황에서 물가 경직성이 클수록 구매력 평가설에 기초한 환율로 수렴되는 데 걸리는 기간이 길어질 것이다.
② 환율의 오버슈팅이 발생한 상황에서 외국인 투자 자금이 국내 시장 금리에 민감하게 반응할수록 오버슈팅 정도는 커질 것이다.
③ 물가 경직성에 따른 환율의 오버슈팅은 물가의 조정 속도보다 환율의 조정 속도가 빠르기 때문에 발생하는 것이다.
④ 물가가 신축적인 경우가 경직적인 경우에 비해 국내 통화량 증가에 따른 국내 시장 금리 하락 폭이 작을 것이다.
⑤ 국내 통화량이 증가하여 유지될 경우 장기에는 실질 통화량이 변하지 않으므로 장기의 환율도 변함이 없을 것이다.

|11~13| 다음 글을 읽고 물음에 답하시오.

디지털 통신 시스템은 송신기, 채널, 수신기로 구성되며, 전송할 데이터를 빠르고 정확하게 전달하기 위해 부호화 과정을 거쳐 전송한다. 영상, 문자 등인 데이터는 기호 집합에 있는 기호들의 조합이다. 예를 들어 기호 집합 {a, b, c, d, e, f}에서 기호들을 조합한 add, cab, beef 등이 데이터이다. 정보량은 어떤 기호가 발생했다는 것을 알았을 때 얻는 정보의 크기이다. 어떤 기호 집합에서 특정 기호의 발생 확률이 높으면 그 기호의 정보량은 적고, 발생 확률이 낮으면 그 기호의 정보량은 많다. 기호 집합의 평균 정보량(각 기호의 발생 확률과 정보량을 서로 곱하여 모두 더한 것)을 기호 집합의 엔트로피라고 하는데 모든 기호들이 동일한 발생 확률을 가질 때 그 기호 집합의 엔트로피는 최댓값을 갖는다.

송신기에서는 소스 부호화, 채널 부호화, 선 부호화를 거쳐 기호를 부호로 변환한다. 소스 부호화는 데이터를 압축하기 위해 기호를 0과 1로 이루어진 부호로 변환하는 과정이다. 어떤 기호가 110과 같은 부호로 변환되었을 때 0 또는 1을 비트라고 하며 이 부호의 비트 수는 3이다. 이때 기호 집합의 엔트로피는 기호 집합에 있는 기호를 부호로 표현하는 데 필요한 평균 비트 수의 최솟값이다. 전송된 부호를 수신기에서 원래의 기호로 복원하려면 부호들의 평균 비트 수가 기호 집합의 엔트로피보다 크거나 같아야 한다. 기호 집합을 엔트로피에 최대한 가까운 평균 비트 수를 갖는 부호들로 변환하는 것을 엔트로피 부호화라 한다. 그중 하나인 '허프만 부호화'에서는 발생 확률이 높은 기호에는 비트 수가 적은 부호를, 발생 확률이 낮은 기호에는 비트 수가 많은 부호를 할당한다.

채널 부호화는 오류를 검출하고 정정하기 위하여 부호에 잉여 정보를 추가하는 과정이다. 송신기에서 부호를 전송하면 채널의 잡음으로 인해 오류가 발생하는데 이 문제를 해결하기 위해 잉여 정보를 덧붙여 전송한다. 채널 부호화 중 하나인 '삼중 반복 부호화'는 0과 1을 각각 000과 111로 부호화한다. 이때 수신기에서는 수신한 부호에 0이 과반수인 경우에는 0으로 판단하고, 1이 과반수인 경우에는 1로 판단한다. 즉 수신기에서 수신된 부호가 000, 001, 010, 100 중 하나라면 0으로 판단하고, 그 이외에는 1로 판단한다. 이렇게 하면 000을 전송했을 때 하나의 비트에서 오류가 생겨 001을 수신해도 0으로 판단하므로 오류는 정정된다. 채널 부호화를 하기 전 부호의 비트 수를, 채널 부호화를 한 후 부호의 비트 수로 나눈 것을 부호율이라 한다. 삼중 반복 부호화의 부호율은 약 0.33이다.

채널 부호화를 거친 부호들을 채널을 통해 전송하려면 부호들을 전기 신호로 변환해야 한다. 0 또는 1에 해당하는 전기 신호의 전압을 결정하는 과정이 선 부호화이다. 전압의 결정 방법은 선 부호화 방식에 따라 다르다. 선 부호화 중 하나인 '차동 부호화'는 부호의 비트가 0이면 전압을 유지하고 1이면 전압을 변화시킨다. 차동 부호화를 시작할 때는 기준 신호가 필요하다. 예를 들어 차동 부호화 직전의 기준 신호가 양(+)의 전압이라면 부호 0110은 '양, 음, 양, 양'의 전압을 갖는 전기 신호로 변환된다. 수신기에서는 송신기와 동일한 기준 신호를 사용하여, 전압의 변화가 있으면 1로 판단하고 변화가 없으면 0으로 판단한다.

11 윗글에서 알 수 있는 내용으로 적절한 것은?

① 소스 부호화는 전송할 기호에 정보를 추가하여 오류에 대비하는 과정이다.
② 영상을 전송할 때는 잡음으로 인한 오류가 발생하지 않는다.
③ 잉여 정보는 데이터를 압축하기 위해 추가한 정보이다.
④ 수신기에는 부호를 기호로 복원하는 기능이 있다.
⑤ 영상 데이터는 채널 부호화 과정에서 압축된다.

12 윗글을 바탕으로, 2가지 기호로 이루어진 기호 집합에 대해 이해한 내용으로 적절하지 않은 것은?

① 기호들의 발생 확률이 모두 1/2인 경우, 각 기호의 정보량은 동일하다.
② 기호들의 발생 확률이 각각 1/4, 3/4인 경우의 평균 정보량이 최댓값이다.
③ 기호들의 발생 확률이 각각 1/4, 3/4인 경우, 기호의 정보량이 더 많은 것은 발생 확률이 1/4인 기호이다.
④ 기호들의 발생 확률이 모두 1/2인 경우, 기호를 부호화하는 데 필요한 평균 비트 수의 최솟값이 최대가 된다.
⑤ 기호들의 발생 확률이 각각 1/4, 3/4인 기호 집합의 엔트로피는 발생 확률이 각각 3/4, 1/4인 기호 집합의 엔트로피와 같다.

13 윗글의 '부호화'에 대한 내용으로 적절한 것은?

① 선 부호화에서는 수신기에서 부호를 전기 신호로 변환한다.
② 허프만 부호화에서는 정보량이 많은 기호에 상대적으로 비트 수가 적은 부호를 할당한다.
③ 채널 부호화를 거친 부호들은 채널로 전송하기 전에 잉여 정보를 제거한 후 선 부호화한다.
④ 채널 부호화 과정에서 부호에 일정 수준 이상의 잉여 정보를 추가하면 부호율은 1보다 커진다.
⑤ 삼중 반복 부호화를 이용하여 0을 부호화한 경우, 수신된 부호에서 두 개의 비트에 오류가 있으면 오류는 정정되지 않는다.

14 다음 글을 바탕으로 미루어 볼 때, 포퍼와 콰인이 모두 '아니요'라고 답변할 질문은 무엇인가?

논리실증주의자와 포퍼는 지식을 수학적 지식이나 논리학 지식처럼 경험과 무관한 것과 과학적 지식처럼 경험에 의존하는 것으로 구분한다. 그중 과학적 지식은 과학적 방법에 의해 누적된다고 주장한다. 가설은 과학적 지식의 후보가 되는 것인데, 그들은 가설로부터 논리적으로 도출된 예측을 관찰이나 실험 등의 경험을 통해 맞는지 틀리는지 판단함으로써 그 가설을 시험하는 과학적 방법을 제시한다. 논리실증주의자는 예측이 맞을 경우에, 포퍼는 예측이 틀리지 않는 한, 그 예측을 도출한 가설이 하나씩 새로운 지식으로 추가된다고 주장한다.

하지만 콰인은 가설만 가지고서 예측을 논리적으로 도출할 수 없다고 본다. 예를 들어 새로 발견된 금속 M은 열을 받으면 팽창한다는 가설만 가지고는 열을 받은 M이 팽창할 것이라는 예측을 이끌어낼 수 없다. 먼저 지금까지 관찰한 모든 금속은 열을 받으면 팽창한다는 기존의 지식과 M에 열을 가했다는 조건 등이 필요하다. 이렇게 예측은 가설, 기존의 지식들, 여러 조건 등을 모두 합쳐야만 논리적으로 도출된다는 것이다. 그러므로 예측이 거짓으로 밝혀지면 정확히 무엇 때문에 예측에 실패한 것인지 알 수 없다는 것이다. 이로부터 콰인은 개별적인 가설뿐만 아니라 기존의 지식들과 여러 조건 등을 모두 포함하는 전체 지식이 경험을 통한 시험의 대상이 된다는 총체주의를 제안한다.

논리실증주의자와 포퍼는 수학적 지식이나 논리학 지식처럼 경험과 무관하게 참으로 판별되는 분석 명제와, 과학적 지식처럼 경험을 통해 참으로 판별되는 종합 명제를 서로 다른 종류라고 구분한다. 그러나 콰인은 총체주의를 정당화하기 위해 이 구분을 부정하는 논증을 다음과 같이 제시한다. 논리실증주의자와 포퍼의 구분에 따르면 "총각은 총각이다."와 같은 동어 반복 명제와, "총각은 미혼의 성인 남성이다."처럼 동어 반복 명제로 환원할 수 있는 것은 모두 분석 명제이다. 그런데 후자가 분석 명제인 까닭은 전자로 환원할 수 있기 때문이다. 이러한 환원이 가능한 것은 '총각'과 '미혼의 성인 남성'이 동의적 표현이기 때문인데 그게 왜 동의적 표현인지 물어보면, 이 둘을 서로 대체하더라도 명제의 참 또는 거짓이 바뀌지 않기 때문이라고 할 것이다.

하지만 이것만으로는 두 표현의 의미가 같다는 것을 보장하지 못해서, 동의적 표현은 언제나 반드시 대체 가능해야 한다는 필연성 개념에 다시 의존하게 된다. 이렇게 되면 동의적 표현이 동어 반복 명제로 환원 가능하게 하는 것이 되어, 필연성 개념은 다시 분석 명제 개념에 의존하게 되는 순환론에 빠진다. 따라서 콰인은 종합 명제와 구분되는 분석 명제가 존재한다는 주장은 근거가 없다는 결론에 도달한다.

콰인은 분석 명제와 종합 명제로 지식을 엄격히 구분하는 대신, 경험과 직접 충돌하지 않는 중심부 지식과, 경험과 직접 충돌할 수 있는 주변부 지식을 상정한다. 경험과 직접 충돌하여 참과 거짓이 쉽게 바뀌는 주변부 지식과 달리 주변부 지식의 토대가 되는 중심부 지식은 상대적으로 견고하다. 그러나 이 둘의 경계를 명확히 나눌 수 없기 때문에, 콰인은 중심부 지식과 주변부 지식을 다른 종류라고 하지 않는다. 수학적 지식이나 논리학 지식은 중심부 지식의 한가운데에 있어 경험에서 가장 멀리 떨어져 있지만 그렇다고 경험과 무관한 것은 아니라는 것이다. 그런데 주변부 지식이 경험과 충돌하여 거짓으로 밝혀지면 전체 지식의 어느 부분을 수정해야 할지 고민하게 된다. 주변부 지식을 수정하면 전체 지식의 변화가 크지 않지만 중심부 지식을 수정하면 관련된 다른 지식이 많기 때문에 전체 지식도 크게 변화하게 된다. 그래서 대부분의 경우에는 주변부 지식을 수정하는 쪽을 선택하겠지만 실용적 필요 때문에 중심부 지식을 수정하는 경우도 있다. 그리하여 콰인은 중심부 지식과 주변부 지식이 원칙적으로 모두 수정의 대상이 될 수 있고, 지식의 변화도 더 이상 개별적 지식이 단순히 누적되는 과정이 아니라고 주장한다.

① 수학적 지식과 과학적 지식은 종류가 다른 것인가?
② 예측은 가설로부터 논리적으로 도출될 수 있는가?
③ 경험과 무관하게 참이 되는 지식이 존재하는가?
④ 경험을 통하지 않고 가설을 시험할 수 있는가?
⑤ 과학적 지식은 개별적으로 누적되는가?

15 다음 글의 내용과 일치하는 것을 고르면?

탄수화물은 사람을 비롯한 동물이 생존하는 데 필수적인 에너지원이다. 탄수화물은 섬유소와 비섬유소로 구분된다. 사람은 체내에서 합성한 효소를 이용하여 곡류의 녹말과 같은 비섬유소를 포도당으로 분해하고 이를 소장에서 흡수하여 에너지원으로 이용한다. 반면, 사람은 풀이나 채소의 주성분인 셀룰로스와 같은 섬유소를 포도당으로 분해하는 효소를 합성하지 못하므로, 섬유소를 소장에서 이용하지 못한다. 소, 양, 사슴과 같은 반추 동물도 섬유소를 분해하는 효소를 합성하지 못하는 것은 마찬가지이지만, 비섬유소와 섬유소를 모두 에너지원으로 이용하며 살아간다.

위(胃)가 넷으로 나누어진 반추 동물의 첫째 위인 반추위에는 여러 종류의 미생물이 서식하고 있다. 반추 동물의 반추위에는 산소가 없는데, 이 환경에서 왕성하게 생장하는 반추위 미생물들은 다양한 생리적 특성을 가지고 있다. 그중 피브로박터 숙시노젠(F)은 섬유소를 분해하는 대표적인 미생물이다. 식물체에서 셀룰로스는 그것을 둘러싼 다른 물질과 복잡하게 얽혀있는데, F가 가진 효소 복합체는 이 구조를 끊어 셀룰로스를 노출시킨 후 이를 포도당으로 분해한다. F는 이 포도당을 자신의 세포 내에서 대사 과정을 거쳐 에너지원으로 이용하여 생존을 유지하고 개체 수를 늘림으로써 생장한다. 이런 대사 과정에서 아세트산, 숙신산 등이 대사산물로 발생하고 이를 자신의 세포 외부로 배출한다. 반추위에서 미생물들이 생성한 아세트산은 반추 동물의 세포로 직접 흡수되어 생존에 필요한 에너지를 생성하는 데 주로 이용되고 체지방을 합성하는 데에도 쓰인다. 한편 반추위에서 숙신산은 프로피온산을 대사산물로 생성하는 다른 미생물의 에너지원으로 빠르게 소진된다. 이 과정에서 생성된 프로피온산은 반추 동물이 간(肝)에서 포도당을 합성하는 대사 과정에서 주요 재료로 이용된다.

반추위에는 비섬유소인 녹말을 분해하는 스트렙토코쿠스 보비스(S)도 서식한다. 이 미생물은 반추 동물이 섭취한 녹말을 포도당으로 분해하고, 이 포도당을 자신의 세포 내에서 대사 과정을 통해 자신에게 필요한 에너지원으로 이용한다.

이때 S는 자신의 세포 내의 산성도에 따라 세포 외부로 배출하는 대사산물이 달라진다. 산성도를 알려 주는 수소 이온 농도 지수(pH)가 7.0 정도로 중성이고 생장 속도가 느린 경우에는 아세트산, 에탄올 등이 대사산물로 배출된다. 반면 산성도가 높아져 pH가 6.0 이하로 떨어지거나 녹말의 양이 충분하여 생장 속도가 빠를 때는 젖산이 대사산물로 배출된다. 반추위에서 젖산은 반추 동물의 세포로 직접 흡수되어 반추 동물에게 필요한 에너지를 생성하는 데 이용되거나 아세트산 또는 프로피온산을 대사산물로 배출하는 다른 미생물의 에너지원으로 이용된다.

그런데 S의 과도한 생장이 반추 동물에게 악영향을 끼치는 경우가 있다. 반추 동물이 짧은 시간에 과도한 양의 비섬유소를 섭취하면 S의 개체 수가 급격히 늘고 과도한 양의 젖산이 배출되어 반추위의 산성도가 높아진다. 이에 따라 산성의 환경에서 왕성히 생장하며 항상 젖산을 대사산물로 배출하는 락토바실러스 루미니스(L)와 같은 젖산 생성 미생물들의 생장이 증가하며 다량의 젖산을 배출하기 시작한다. F를 비롯한 섬유소 분해 미생물들은 자신의 세포 내부의 pH를 중성으로 일정하게 유지하려는 특성이 있는데, 젖산 농도의 증가로 자신의 세포 외부의 pH가 낮아지면 자신의 세포 내의 항상성을 유지하기 위해 에너지를 사용하므로 생장이 감소한다. 만일 자신의 세포 외부의 pH가 5.8 이하로 떨어지면 에너지가 소진되어 생장을 멈추고 사멸하는 단계로 접어든다. 이와 달리 S와 L은 상대적으로 산성에 견디는 정도가 강해 자신의 세포 외부의 pH가 5.5 정도까지 떨어지더라도 이에 맞춰 자신의 세포 내부의 pH를 낮출 수 있어 자신의 에너지를 세포 내부의 pH를 유지하는 데 거의 사용하지 않고 생장을 지속하는 데 사용한다. 그러나 S도 자신의 세포 외부의 pH가 그 이하로 더 떨어지면 생장을 멈추고 사멸하는 단계로 접어들고, 산성에 더 강한 L을 비롯한 젖산 생성 미생물들이 반추위 미생물의 많은 부분을 차지하게 된다. 그렇게 되면 반추위의 pH가 5.0 이하가 되는 급성 반추위 산성증이 발병한다.

① 피브로박터 숙시노젠(F)은 자신의 세포 내에서 포도당을 에너지원으로 이용하여 생장한다.
② 반추 동물의 과도한 섬유소 섭취는 급성 반추위 산성증을 유발한다.
③ 반추위 미생물은 산소가 없는 환경에서 생장을 멈추고 사멸한다.
④ 반추 동물의 세포에서 합성한 효소는 셀룰로스를 분해한다.
⑤ 섬유소는 사람의 소장에서 포도당의 공급원으로 사용된다.

16 다음은 컨퍼런스에 참가한 어느 발표자의 발표문이다. 이 발표자가 효과적으로 의사전달을 하기 위해 사용한 전략이 아닌 것은?

여러분, '희토류'에 대해 들어 본 적이 있으신가요? (별로 들어 본 적이 없다는 대답을 듣고) 네. 그러시군요. 희토류는 우리 생활 속에서 쉽게 접할 수 있는 제품들에 널리 사용되고 있습니다. 하지만 희토류에 대해 잘 알지 못하는 분들이 많은 것 같아 이번 시간에는 희토류가 무엇이고 어떻게 쓰이는지 등에 대해 알려 드리고자 합니다.

원소에 대해서는 잘 아시죠? (그렇다는 대답을 듣고) 잘 아시는군요. 희토류는 원소 주기율표에서 원자 번호 57부터 71까지의 원소와 그 외의 2개 원소를 합친 17개의 원소를 가리킵니다. 희토류는 다른 물질과 함께 화합물을 형성하여 다양한 산업 분야에서 주요 소재로 널리 활용되고 있습니다. 이제 희토류에 대해 이해되셨나요? (그렇다는 대답을 듣고) 그럼 다음으로, 희토류의 실제 활용 사례를 살펴보겠습니다. (영상을 보여 주며) 희토류 중 하나인 이트륨이 활용된 사례입니다. 이 희토류를 포함한 화합물은 LED나 TV 스크린 등에 발광 재료로 쓰이는데 이 경우에 발광 효율이 높아 에너지 절약 효과를 가져올 수 있습니다. 다음은 역시 희토류 중의 하나인 네오디뮴이 활용된 사례입니다. 이 희토류를 포함한 화합물 중에서 강한 자성을 갖는 것은 하이브리드 자동차나 전기 자동차의 모터용 자석에 널리 사용됩니다.

최근에는 첨단 산업 분야에서 희토류에 대한 수요가 늘면서 희토류의 생산량이 증가하고 있습니다. (표를 제시하며) 여기를 보시면 2020년 전 세계 희토류 생산량은 약 30만 톤이었는데요. 1986년부터 2020년까지 희토류 생산량이 꾸준히 증가했다는 것을 알 수 있습니다. 최근 한 전문가의 연구에 따르면, 2050년에는 전 세계 희토류 수요량이 약 80만 톤에 이를 것이라고 합니다. 그런데 희토류는 특정 광석에만 존재하며, 광석에서 분리하여 정제하기가 매우 까다롭다고 합니다. 이러한 이유로 최근 여러 국가에서는 희토류의 생산 확대를 위한 기술을 적극적으로 개발하고 있습니다.

지금까지 희토류에 대한 여러분의 이해를 돕기 위해 희토류의 개념과 산업 분야에서의 활용 사례 등을 중심으로 발표를 하였습니다. 앞서 말씀드린 바와 같이 희토류는 여러 산업 분야에 걸쳐 주요 소재로 활용되고 있어서 '산업의 비타민'이라고 불립니다. 제 발표를 통해 여러분이 희토류에 대해 잘 이해하셨길 바랍니다. 더불어 생활 속에서 희토류가 실제로 얼마나 다양하게 활용되고 있는지 관심을 갖고 찾아보셨으면 합니다. 이상으로 발표를 마치겠습니다. 감사합니다.

① 발표 목적을 청중들에게 환기시키고 있다.
② 산업 분야에서 희토류의 역할을 비유적 표현으로 제시하였다.
③ 희토류와 관련된 우리 삶에 대한 긍정적인 전망을 제시하였다.
④ 도표 및 영상 자료를 효과적으로 활용하고 있다.
⑤ 희토류에 대해 청중이 관심을 갖기를 권하고 있다.

17 다음은 '공공 데이터를 활용한 앱 개발'에 대한 보고서 작성 개요와 이에 따라 작성한 보고서 초안이다. 개요에 따라 작성한 보고서 초안의 결론 부분에 들어갈 내용으로 가장 적절한 것은?

■ 보고서 작성 개요
• 서론
– 앱을 개발하려는 사람들의 특성 서술
– 앱 개발 시 부딪히는 난점 언급
• 본론
– 공공 데이터의 개념 정의
– 공공 데이터의 제공 현황 제시
– 앱 개발 분야에서 공공 데이터가 갖는 장점 진술
– 공공 데이터를 활용한 앱 개발 사례 제시
• 결론
– 공공 데이터 활용의 장점을 요약적으로 진술
– 공공 데이터가 앱 개발에 미칠 영향 언급

■ 보고서 초고
앱을 개발하려는 사람들은 아이디어가 넘친다. 사람들이 여행 준비를 위해 많은 시간을 허비하는 것을 보면 한 번에 여행 코스를 짜 주는 앱을 만들어 보고 싶어 한다. 도심에서 주차장을 못 찾아 헤매는 사람들을 보면 주차장을 쉽게 찾아 주는 앱을 만들어 보고 싶어 한다. 그러나 막상 앱을 개발하려 할 때 부딪히는 여러 난관이 있다. 여행지나 주차장에 대한 정보를 모으는 것도 문제이고, 정보를 지속적으로 갱신하는 것도 문제이다. 이런 문제 때문에 결국 아이디어를 포기하는 경우가 많다.
그러나 이제는 아이디어를 포기하지 않아도 된다. 바로 공공 데이터가 있기 때문이다.

공공 데이터는 공공 기관에서 생성, 취득하여 관리하고 있는 정보 중, 전자적 방식으로 처리되어 누구나 이용할 수 있도록 국민들에게 제공된 것을 말한다. 현재 정부에서는 공공 데이터 포털 사이트를 개설하여 국민들이 쉽게 이용할 수 있도록 하고 있다. 공공 데이터 포털 사이트에서는 800여 개 공공 기관에서 생성한 15,000여 건의 공공 데이터를 제공하고 있으며, 제공하는 공공 데이터의 양을 꾸준히 늘리고 있다.
공공 데이터가 가진 앱 개발 분야에서의 장점은 크게 두 가지를 들 수 있다. 먼저 공공 데이터는 공공 기관이 국민들에게 편의를 제공하기 위해 시행한 정책의 산출물이기 때문에 실생활과 밀접하게 관련된 정보가 많다는 점이다. 앱 개발자들의 아이디어는 대개 앞에서 언급한 것처럼 사람들의 실생활에 편의를 제공하기 위한 것들이다. 그래서 만약 여행 앱을 만들고자 한다면 한국관광공사의 여행 정보에서, 주차장 앱을 만들고자 한다면 지방 자치 단체의 주차장 정보에서 필요한 정보를 얻을 수 있다. 두 번째로 공공 데이터를 이용하는 데에는 비용이 거의 들지 않기 때문에, 정보를 수집하고 갱신할 때 소요되는 비용을 줄일 수 있다는 점이다. 그래서 개인들도 비용에 대한 부담 없이 쉽게 앱을 만들 수 있다.

〈결론〉

① 공공 데이터는 앱 개발을 할 때 부딪히는 자료 수집의 문제와 시간 부족 문제를 해결하여 쉽게 앱을 만들 수 있게 해 준다. 이런 장점에도 불구하고 국민들의 공공 데이터 이용에 대한 인식이 낮은 것은 문제라고 할 수 있다.
② 공공 데이터는 앱 개발에 필요한 실생활 관련 정보를 담고 있으며 앱 개발 비용의 부담을 줄여 준다. 그러므로 앱 개발 시 공공 데이터 이용이 활성화되면 실생활에 편의를 제공하는 다양한 앱이 개발될 것이다.
③ 공공 데이터를 이용하여 앱 개발을 하는 사람들은 시간과 비용의 문제를 극복하고 경제적 가치를 창출하는 사람들이다. 앞으로 공공 데이터의 양이 증가하면 그들이 만들어 내는 앱도 더 다양해질 것이다.
④ 공공 데이터는 자본과 아이디어가 부족해 앱을 개발하지 못하는 사람들이 유용하게 이용할 수 있다. 앱 개발을 통한 창업이 활성화되면 우리 경제에도 큰 도움이 될 것이다.
⑤ 공공 데이터는 국민 생활에 편의를 제공하고 국민들의 생활을 개선하기 위해 만든 자료이다. 앞으로 공공 데이터의 이용이 활성화되면 국민들의 삶의 질이 향상될 것이다.

18 다음은 유인입국심사에 대한 설명이다. 옳지 않은 것은?

◈ 유인입국심사 안내
- 입국심사는 국경에서 허가받는 행위로 내외국인 분리심사를 원칙으로 하고 있습니다.
- 외국인(등록외국인 제외)은 입국신고서를 작성하여야 하며, 등록대상인 외국인은 입국일로부터 90일 이내 관할 출입국 관리사무소에 외국인 등록을 하여야 합니다.
- 단체사증을 소지한 중국 단체여행객은 입국신고서를 작성하지 않으셔도 됩니다.(청소년 수학여행객은 제외)
- 대한민국 여권을 위·변조하여 입국을 시도하는 외국인이 급증하고 있으므로 다소 불편하시더라도 입국심사관의 얼굴 대조, 질문 등에 적극 협조하여 주시기 바랍니다.
- 외국인 사증(비자) 관련 사항은 법무부 출입국 관리국으로 문의하시기 바랍니다.

◈ 입국신고서 제출 생략
내국인과 90일 이상 장기체류 할 목적으로 출입국사무소에 외국인 등록을 마친 외국인의 경우 입국신고서를 작성하실 필요가 없습니다.

◈ 심사절차

STEP 01	기내에서 입국신고서를 작성하지 않은 외국인은 심사 전 입국신고서를 작성해 주세요.
STEP 02	내국인과 외국인 심사 대기공간이 분리되어 있으니, 줄을 설 때 주의해 주세요. ※ 내국인은 파란선, 외국인은 빨간선으로 입장
STEP 03	심사대 앞 차단문이 열리면 입장해 주세요.
STEP 04	내국인은 여권을, 외국인은 입국신고서와 여권을 심사관에게 제시하고, 심사가 끝나면 심사대를 통과해 주세요. ※ 17세 이상의 외국인은 지문 및 얼굴 정보를 제공

① 등록대상인 외국인은 입국일로부터 90일 이내 관할 출입국관리사무소에 외국인 등록을 하여야 한다.
② 중국 청소년 수학여행객은 단체사증을 소지하였더라도 입국신고서를 작성해야 한다.
③ 모든 외국인은 지문 및 얼굴 정보를 제공해야 한다.
④ 입국심사를 하려는 내국인은 파란선으로 입장해야 한다.
⑤ 내국인은 입국신고서를 작성할 필요가 없다.

19 다음은 A국가의 시·군 중 2023년 경지 면적, 논 면적, 밭 면적 상위 5개 시·군에 대한 자료이다. 이에 대한 설명 중 옳은 것을 모두 고르면?

(단위 : ha)

구분	순위	시·군	면적
경지 면적	1	A군	35,369
	2	B시	31,585
	3	C시	31,271
	4	D시	28,501
	5	E시	27,285
논 면적	1	D시	23,415
	2	A군	23,042
	3	E시	21,730
	4	F시	21,726
	5	G시	19,067
밭 면적	1	B시	31,577
	2	C시	31,246
	3	H시	13,231
	4	A군	12,327
	5	I시	11,047

※ 경지 면적 = 논 면적 + 밭 면적

ㄱ A군의 논 면적은 A군 밭 면적의 2배 이상이다.
ㄴ C시의 논 면적은 B시 논 면적보다 크다.
ㄷ E시의 밭 면적은 D시 밭 면적보다 크다.
ㄹ I시의 밭 면적은 G시 논 면적의 90% 이하이다.

① ㄴ, ㄷ
② ㄴ, ㄹ
③ ㄱ, ㄷ, ㄹ
④ ㄴ, ㄷ, ㄹ
⑤ ㄱ, ㄴ, ㄷ, ㄹ

20 다음은 甲공항의 2023년 5월 항공사별 항공통계이다. 자료를 잘못 분석한 것은?

(단위 : 편, 명, 톤)

항공사	운항		여객		화물	
	도착	출발	도착	출발	도착	출발
A항공	3,912	3,908	743,083	725,524	51,923	50,722
B항공	90	90	24,220	23,594	159	694
C항공	2,687	2,676	514,468	504,773	29,220	26,159
D항공	43	43	14,069	14,445	727	751
E항공	406	406	67,037	67,949	36	53
F항공	60	60	16,885	17,176	630	601
G항공	515	514	82,409	84,567	139	53
H항공	1,305	1,301	224,040	223,959	444	336
I항공	894	893	175,967	177,879	498	422
J항공	672	673	109,497	110,150	106	134
합계	10,584	10,564	1,971,675	1,950,016	83,882	79,925

① 2023년 5월 甲공항에 도착한 A항공 항공기 수는 같은 기간 甲공항에 도착한 C항공 항공기 수와 H항공 항공기 수의 합보다 적다.
② 2023년 5월 G항공을 이용하여 甲공항에 도착한 여객 수는 같은 기간 甲공항에 도착한 전체 여객 수의 5% 이상이다.
③ D항공, E항공, F항공을 이용하여 2022년 6월 甲공항에서 출발한 화물의 양은 1,400톤 이상이다.
④ 2023년 5월 H항공을 이용하여 甲공항에서 출발한 여객 수는 같은 기간 J항공을 이용하여 甲공항에서 출발한 여객 수의 2배 이상이다.
⑤ 2023년 6월 B항공을 이용하여 甲공항에 도착한 여객 수가 전월 대비 30% 증가하였다면 3만 명을 돌파한다.

21 다음 〈휴양림 요금규정〉과 〈조건〉에 근거할 때, 〈상황〉에서 甲, 乙, 丙일행이 각각 지불한 총요금 중 가장 큰 금액과 가장 작은 금액의 차이는?

〈휴양림 요금규정〉
• 휴양림 입장료(1인당 1일 기준)

구분	요금(원)	입장료 면제
어른	1,000	• 동절기(12월~3월) • 다자녀 가정
청소년 (만 13세 이상 ~19세 미만)	600	
어린이 (만 13세 미만)	300	

※ '다자녀 가정'은 만 19세 미만의 자녀가 3인 이상 있는 가족

• 야영시설 및 숙박시설(시설당 1일 기준)

구분		요금(원)		비고
		성수기 (7~8월)	비수기 (성수기 외)	
야영시설 (10인 이내)	황토데크(개)	10,000		휴양림 입장료 별도
	캐빈(동)	30,000		
숙박시설	3인용(실)	45,000	24,000	휴양림 입장료 면제
	5인용(실)	85,000	46,000	

※ 일행 중 '장애인'이 있거나 '다자녀 가정'인 경우 비수기에 한해 야영시설 및 숙박시설 요금의 50%를 할인

〈조건〉
• 총요금 = (휴양림 입장료) + (야영시설 또는 숙박시설 요금)
• 휴양림 입장료는 머문 일수만큼, 야영시설 및 숙박시설 요금은 숙박 일수만큼 계산함. (예 : 2박 3일의 경우 머문 일수는 3일, 숙박 일수는 2일)

〈상황〉

- 甲(만 45세)은 아내(만 45세), 자녀 3명(각각 만 17세, 15세, 10세)과 함께 휴양림에 7월 중 3박 4일간 머물렀다. 甲일행은 5인용 숙박시설 1실을 이용하였다.
- 乙(만 25세)은 어머니(만 55세, 장애인), 아버지(만 58세)를 모시고 휴양림에서 12월 중 6박 7일간 머물렀다. 乙일행은 캐빈 1동을 이용하였다.
- 丙(만 21세)은 동갑인 친구 3명과 함께 휴양림에서 10월 중 9박 10일 동안 머물렀다. 丙일행은 황토데크 1개를 이용하였다.

① 40,000원 ② 114,000원
③ 125,000원 ④ 165,000원
⑤ 190,000원

| 22~23 | 다음 자료를 읽고 이어지는 물음에 답하시오.

증여세는 타인으로부터 무상으로 재산을 취득하는 경우, 취득자에게 무상으로 받은 재산가액을 기준으로 하여 부과하는 세금이다. 특히, 증여세 과세대상은 민법상 증여뿐만 아니라 거래의 명칭, 형식, 목적 등에 불구하고 경제적 실질이 무상 이전인 경우 모두 해당된다. 증여세는 증여받은 재산의 가액에서 증여재산 공제를 하고 나머지 금액(과세표준)에 세율을 곱하여 계산한다.

증여재산 − 증여재산공제액 = 과세표준
과세표준 × 세율 = 산출세액

증여가 친족 간에 이루어진 경우 증여받은 재산의 가액에서 다음의 금액을 공제한다.

증여자	공제금액
배우자	6억 원
직계존속	5천만 원
직계비속	5천만 원
기타친족	1천만 원

수증자를 기준으로 당해 증여 전 10년 이내에 공제받은 금액과 해당 증여에서 공제받을 금액의 합계액은 위의 공제금액을 한도로 한다.
또한, 증여받은 재산의 가액은 증여 당시의 시가로 평가되며, 다음의 세율을 적용하여 산출세액을 계산하게 된다.

〈증여세 세율〉

과세표준	세율	누진공제액
1억 원 이하	10%	−
1억 원 초과~5억 원 이하	20%	1천만 원
5억 원 초과~10억 원 이하	30%	6천만 원
10억 원 초과~30억 원 이하	40%	1억 6천만 원
30억 원 초과	50%	4억 6천만 원

※ 증여세 자진신고 시 산출세액의 7% 공제함

22 위의 증여세 관련 자료를 참고할 때, 다음 〈보기〉와 같은 세 가지 경우에 해당하는 증여재산 공제액의 합은 얼마인가?

〈보기〉
- 아버지로부터 여러 번에 걸쳐 1천만 원 이상 재산을 증여받은 경우
- 성인 아들이 아버지와 어머니로부터 각각 1천만 원 이상 재산을 증여받은 경우
- 아버지와 삼촌으로부터 1천만 원 이상 재산을 증여받은 경우

① 5천만 원 ② 6천만 원
③ 1억 원 ④ 1억 5천만 원
⑤ 1억 6천만 원

23 성년인 김부자 씨는 아버지로부터 1억 7천만 원의 현금을 증여받게 되어, 증여세 납부 고지서를 받기 전 스스로 증여세를 납부하고자 세무사를 찾아 갔다. 세무사가 계산해 준 김부자 씨의 증여세 납부액은 얼마인가?

① 1,400만 원 ② 1,302만 원
③ 1,280만 원 ④ 1,255만 원
⑤ 1,205만 원

24 다음은 M사(社) 직원의 출장 횟수에 관한 자료이다. 이에 대한 설명 중 옳지 않은 것을 고르면? (단, 회당 출장 인원은 동일하며 제시된 자료에 포함되지 않은 해외 출장은 없다.)

■ 최근 9년간 본사 직원의 해외 법인으로의 출장 횟수

(단위 : 회)

출장지	2015	2016	2017	2018	2019	2020	2021	2022	2023
유럽 사무소	61	9	36	21	13	20	12	8	11
두바이 사무소	9	0	5	6	2	3	9	1	8
아르헨티나 사무소	7	2	24	15	0	2	4	0	6

■ 최근 5년간 해외 법인 직원의 본사로의 출장 횟수

(단위 : 회)

지역 \ 기간	2019	2020	2021	2022	2023
UAE	11	5	7	12	7
호주	2	30	43	9	12
브라질	9	11	17	18	32
아르헨티나	15	13	9	35	29
독일	11	2	7	5	6

① 최근 9년간 두바이사무소로 출장을 간 본사 직원은 아르헨티나사무소로 출장을 간 본사 직원 수보다 적다.

② 2019년 이후 브라질 지역의 해외 법인 직원이 본사로 출장을 온 횟수는 지속적으로 증가하였다.

③ 본사에서 유럽사무소로의 출장 횟수가 많은 해부터 나열하면 15년, 17년, 20년, 18년, 19년, 21년, 23년, 16년, 16년 순이다.

④ 2020~2021년에 UAE 지역의 해외 법인 직원이 본사로 출장을 온 횟수는 2021년 본사 직원이 유럽사무소로 출장을 간 횟수와 같다.

⑤ 2020년 해외 법인 직원이 본사로 출장을 온 총 횟수는 2016년 이후 본사 직원이 아르헨티나사무소로 출장을 간 총 횟수보다 많다.

25 다음은 B사(社)의 2023년 추진 과제의 전공별 연구책임자 현황에 대한 자료이다. 전체 연구책임자 중 공학 전공의 연구책임자가 차지하는 비율과 전체 연구책임자 중 의학전공의 여자 연구책임자가 차지하는 비율의 차이는? (단, 소수 둘째 자리에서 반올림한다)

(단위 : 명, %)

연구 책임자 전공	남자		여자	
	연구 책임자 수	비율	연구 책임자 수	비율
이학	2,833	14.8	701	30.0
공학	11,680	61.0	463	19.8
농학	1,300	6.8	153	6.5
의학	1,148	6.0	400	17.1
인문사회	1,869	9.8	544	23.3
기타	304	1.6	78	3.3
계	19,134	100.0	2,339	100.0

① 51.1%p

② 52.3%p

③ 53.5%p

④ 54.7%p

⑤ 55.9%p

26 다음 자료를 통해 알 수 있는 사항을 바르게 설명하지 못한 것은 어느 것인가?

〈기업규모별 매출, 영업이익〉

(단위 : 조 원)

〈기업 및 종사자 현황〉

(단위 : 개, 만 명)

구분	대기업	중견기업	중소기업
기업 수	2,191(0.3%)	3,969(0.6%)	660,003(99.1%)
종사자 수	204.7(20.4%)	125.2(12.5%)	675.3(67.1%)

① 1개 기업당 매출액과 영업이익 실적은 대기업에 속한 기업이 가장 우수하다.

② 기업규모별 매출액 대비 영업이익률은 대기업, 중견기업, 중소기업 순으로 높다.

③ 전체 기업 수의 약 99%에 해당하는 기업이 전체 매출액의 40% 이상을 차지한다.

④ 전체 기업 수의 약 1%에 해당하는 기업이 전체 영업이익의 70% 이상을 차지한다.

⑤ 1개 기업 당 종사자 수는 대기업이 중견기업의 3배에 육박한다.

27 A생산라인을 먼저 32시간 가동한 후, B생산라인까지 두 생산라인을 모두 가동하여 최종 10,000개의 정상제품을 납품하였다면 두 생산라인을 모두 가동한 시간은 얼마인가?

〈생산성 조건〉

• 불량률 체크 전 단계의 시제품 100개를 만드는 데 A생산라인만을 이용할 때는 4시간, B생산라인만을 이용할 때는 2시간이 걸린다.

• 두 라인을 동시에 가동하면 시간 당 정상제품 생산량이 각각 20%씩 상승한다.

① 105시간

② 110시간

③ 115시간

④ 120시간

⑤ 125시간

28 다음의 자료를 보고 바르게 해석한 것을 모두 고르면?

〈2023년 甲국가 A지역, B지역의 기온과 전력사용량 (평일 일 평균 기준)〉

〈국내 경제성장률과 전력소비량 증가율〉

㉠ 평일 일 평균 전력사용량은 계절과 관계없이 B지역이 A지역보다 항상 많을 것이다.

㉡ A지역은 여름과 겨울에 전력사용량이 증가하는 것으로 보아 주택용보다 산업용 전력사용량 비중이 높을 것이다.

㉢ 경제 성장에 따른 최대 전력 수요 증가가 예상될 경우, 발전 설비 확충 등을 통해 전력 공급 능력을 향상시켜야 한다.

㉣ 공급 능력이 8,000만kW, 최대 전력 수요가 7,200만kW라면 공급예비율이 10% 이하로 유지되도록 대책을 마련해야 한다.

① ㉠㉡

② ㉠㉢

③ ㉡㉢

④ ㉡㉣

⑤ ㉢㉣

29 다음은 ○○손해보험에서 화재손해 발생 시 지급 보험금 산정방법과 피보험물건(A~E)의 보험금액 및 보험가액을 나타낸 자료이다. 화재로 입은 손해액이 A~E 모두 6천만 원으로 동일할 때, 지급 보험금이 많은 것부터 순서대로 나열하면?

〈표1〉 지급 보험금 산정방법

유형	조건	지급 보험금
일반물건, 창고물건, 주택	보험금액 ≥ 보험가액의 80%	손해액 전액
	보험금액 < 보험가액의 80%	손해액 × $\dfrac{\text{보험금액}}{\text{보험가액의 80\%}}$
공장물건, 동산	보험금액 ≥ 보험가액	손해액 전액
	보험금액 < 보험가액	손해액 × $\dfrac{\text{보험금액}}{\text{보험가액}}$

1) 보험금액 : 보험사고가 발생한 때에 보험회사가 피보험자에게 지급해야 하는 금액의 최고한도
2) 보험가액 : 보험사고가 발생한 때에 피보험자에게 발생 가능한 손해액의 최고한도

〈표2〉 피보험물건의 보험금액 및 보험가액

피보험물건	피보험물건 유형	보험금액	보험가액
A	주택	9천만 원	1억 원
B	일반물건	6천만 원	8천만 원
C	창고물건	7천만 원	1억 원
D	공장물건	9천만 원	1억 원
E	동산	6천만 원	7천만 원

① A − B − D − C − E

② A − D − B − E − C

③ B − A − C − D − E

④ B − D − A − C − E

⑤ D − B − A − E − C

30 다음 〈표〉는 주식매매 수수료율과 증권거래세율에 대한 자료이다. 주식매매 수수료는 주식 매도 시 매도자에게, 매수 시 매수자에게 부과되며 증권거래세는 주식 매도 시에만 매도자에게 부과된다고 할 때, 이에 대한 〈보기〉의 설명 중 옳은 것을 모두 고르면?

〈표 1〉 주식매매 수수료율과 증권거래세율

(단위 : %)

구분＼연도	2013	2015	2017	2020	2023
주식매매 수수료율	0.1949	0.1805	0.1655	0.1206	0.0993
유관기관 수수료율	0.0109	0.0109	0.0093	0.0075	0.0054
증권사 수수료율	0.1840	0.1696	0.1562	0.1131	0.0939
증권거래세율	0.3	0.3	0.3	0.3	0.3

〈표 2〉 유관기관별 주식매매 수수료율

(단위 : %)

유관기관＼연도	2013	2015	2017	2020	2023
A기관	0.0065	0.0065	0.0058	0.0045	0.0032
B기관	0.0032	0.0032	0.0024	0.0022	0.0014
C기관	0.0012	0.0012	0.0011	0.0008	0.0008
합계	0.0109	0.0109	0.0093	0.0075	0.0054

※ 주식거래 비용 = 주식매매 수수료 + 증권거래세
※ 주식매매 수수료 = 주식매매 대금 × 주식매매 수수료율
※ 증권거래세 = 주식매매 대금 × 증권거래세율

㉠ 2013년에 '갑'이 주식을 매수한 뒤 같은 해에 동일한 가격으로 전량 매도했을 경우, 매수 시 주식거래 비용과 매도 시 주식거래 비용의 합에서 증권사 수수료가 차지하는 비중은 50%를 넘지 않는다.

㉡ 2017년에 '갑'이 1,000만원 어치의 주식을 매수할 때 '갑'에게 부과되는 주식매매 수수료는 16,550원이다.

㉢ 모든 유관기관은 2023년 수수료율을 2020년보다 10% 이상 인하하였다.

㉣ 2023년에 '갑'이 주식을 매도할 때 '갑'에게 부과되는 주식거래 비용에서 유관기관 수수료가 차지하는 비중은 2% 이하이다.

① ㉠㉡

② ㉠㉢

③ ㉡㉢

④ ㉡㉣

⑤ ㉢㉣

31 다음은 어느 기업에서 투자를 검토하고 있는 사업평가 자료인데, 직원의 실수로 일부가 훼손되었다. 다음 중 ㈎, ㈏, ㈐, ㈑에 들어갈 수 있는 수치는? (단, 인건비와 재료비 이외의 투입요소는 없다)

구분	목표량	인건비	재료비	산출량	효과성 순위	효율성 순위
A	㈎	200	50	500	3	2
B	1,000	㈏	200	1,500	2	1
C	1,500	1,200	㈐	3,000	1	3
D	1,000	300	500	㈑	4	4

※ 효율성 = 산출 / 투입　　※ 효과성 = 산출 / 목표

	㈎	㈏	㈐	㈑
①	300	500	800	800
②	500	800	300	800
③	800	500	300	300
④	500	300	800	800
⑤	800	800	300	500

32 다음은 K국가의 전기요금 산정 방법을 표로 나타낸 것이다. 주택용 전기 사용량별 요금 체계에 따라 A씨는 월 165kwh를, B씨는 월 240kwh를 사용하였다면, A씨와 B씨의 전기요금 청구액은 순서대로 각각 얼마인가?

기본요금(원/호)		전력량 요금(원/kwh)	
200kwh 이하 사용	910	처음 200kwh까지	93.3
201~400kwh 사용	1,600	다음 200kwh까지	187.9
400kwh 초과 사용	7,300	400kwh 초과	280.6

※ 필수사용량 보장공제 : 200kwh 이하 사용 시 월 4,000원 한도 감액(감액 후 최저요금 1,000원)

※ 필수사용량 보장공제 포함 부가세 징수 ○및 별도 기반기금은 470원 가산

※ 계산된 금액은 절삭하여 원 단위로 표시함

① 15,887원, 29,707원　　② 15,350원, 30,446원
③ 15,904원, 30,895원　　④ 14,004원, 31,023원
⑤ 14,830원, 31,540원

33 다음 자료를 참고할 때, 기업의 건전성을 파악하는 지표인 금융비용부담률이 가장 낮은 기업과 이자보상비율이 가장 높은 기업을 순서대로 알맞게 짝지은 것은 어느 것인가?

(단위 : 천만 원)

구분	매출액	매출원가	판관비	이자비용
A기업	98	90	2	1.5
B기업	105	93	3	1
C기업	95	82	3	2
D기업	112	100	5	2

※ 영업이익 = 매출액 − 매출원가 − 판관비
※ 금융비용부담률 = 이자비용 ÷ 매출액 × 100
※ 이자보상비율 = 영업이익 ÷ 이자비용 × 100

① A기업, B기업
② B기업, B기업
③ A기업, C기업
④ C기업, B기업
⑤ C기업, D기업

❙34~35❙ 다음은 甲국가의 2023년 ○월 ○일 노선별 이용차량과 통행료 수입에 대한 자료이다. 자료를 보고 이어지는 물음에 답하시오.

〈노선별 이용차량〉

(단위 : 대)

노선＼차량	1종	2종	3종	4종	5종
A노선	352,993	㉣	14,552	㉤	36,129
B노선	66,536	2,368	3,565	4,042	㉡
C노선	339,916	13,026	16,779	19,044	29,165
D노선	㉠	390	983	533	674
E노선	412,963	16,843	㉢	23,725	23,725
합계	1,180,184	44,633	52,947	64,329	94,987

〈노선별 이용차량 통행료〉

(단위 : 백만 원)

차량＼노선	1종 통행료	2종 통행료	3종 통행료	4종 통행료	5종 통행료
A노선	535	17	26	36	104
B노선	120	4	8	11	13
C노선	580	19	33	47	77
D노선	0	0	0	0	0
E노선	315	10	14	16	37

34 다음 중 ㉠~㉤ 중에서 가장 이용 대수가 높은 것을 고른 것은?

① ㉠

② ㉡

③ ㉢

④ ㉣

⑤ ㉤

35 다음 자료를 참고하여 바르게 설명한 것을 고른 것은? (단, 노선을 이용한 모든 이용차량은 동일한 통행료를 지불해야 한다.)

① 통행료가 가장 높은 노선을 이용차량 대수도 가장 많다.

② 전 노선을 이용하여 이동한다면 높은 통행료를 내야하는 차량 세 개는 순서대로 1종, 5종, 4종이다.

③ 통행료가 저렴할수록 이용하는 차량이 많다.

④ 5종차량의 경우 B노선의 통행료가 가장 저렴하고 이용차량도 가장 적다.

⑤ C노선은 1종차량 다음으로 가장 많이 사용하는 차량의 통행료가 가장 저렴하다.

36 〈보기〉에 제시된 네 개의 명제가 모두 참일 때, 다음 중 거짓인 것은?

〈보기〉

㉠ 甲 지역이 1급 상수원이면 乙 지역은 1급 상수원이 아니다.

㉡ 丙 지역이 1급 상수원이면 乙 지역도 1급 상수원이다.

㉢ 丁 지역이 1급 상수원이면 甲 지역도 1급 상수원이다.

㉣ 丙 지역이 1급 상수원이 아니면 戊 지역도 1급 상수원이 아니다.

① 甲 지역이 1급 상수원이면 丙 지역도 1급 상수원이다.

② 丁 지역이 1급 상수원이면 丙 지역은 1급 상수원이 아니다.

③ 丙 지역이 1급 상수원이면 甲 지역은 1급 상수원이 아니다.

④ 戊 지역이 1급 상수원이면 丁 지역은 1급 상수원이 아니다.

⑤ 戊 지역이 1급 상수원이면 丁 지역은 1급 상수원이 아니다.

37 고 대리, 윤 대리, 염 사원, 서 사원 중 1명은 갑작스런 회사의 사정으로 인해 오늘 당직을 서야 한다. 이들은 논의를 통해 당직자를 결정하였으나, 동료인 최 대리에게 다음 〈보기〉와 같이 말하였고, 이 중 1명만이 진실을 말하고, 3명은 거짓말을 하였다. 당직을 서게 될 사람과 진실을 말한 사람을 순서대로 알맞게 나열한 것은 어느 것인가?

〈보기〉

고 대리 : "윤 대리가 당직을 서겠다고 했어."

윤 대리 : "고 대리는 지금 거짓말을 하고 있어."

염 사원 : "저는 오늘 당직을 서지 않습니다, 최 대리님."

서 사원 : "당직을 서는 사람은 윤 대리님입니다."

① 고 대리, 서 사원

② 염 사원, 고 대리

③ 서 사원, 윤 대리

④ 염 사원, 윤 대리

⑤ 윤 대리, 염 사원

38 M사의 총무팀에서는 A 부장, B 차장, C 과장, D 대리, E 대리, F 사원이 각각 매 주말마다 한 명씩 사회봉사활동에 참여하기로 하였다. 이들이 다음 〈보기〉에 따라 사회봉사활동에 참여할 경우, 두 번째 주말에 참여할 수 있는 사람으로 짝지어진 것은 어느 것인가?

〈보기〉
1. B 차장은 A 부장보다 먼저 봉사활동에 참여한다.
2. C 과장은 D 대리보다 먼저 봉사활동에 참여한다.
3. B 차장은 첫 번째 주 또는 세 번째 주에 봉사활동에 참여한다.
4. E 대리는 C 과장보다 먼저 봉사활동에 참여하며, E 대리와 C 과장이 참여하는 주말 사이에는 두 번의 주말이 있다.

① A 부장, B 차장
② D 대리, E 대리
③ E 대리, F 사원
④ B 차장, C 과장, D 대리
⑤ E 대리

▌39~40▌ 덕현과 희선이는 가위바위보를 15번 실시하여 각자가 낸 것을 다음과 같이 표로 정리하였다. 이를 보고 이어지는 물음에 답하시오.

구분	가위	바위	보
덕현	2번	9번	4번
희선	5번	6번	4번

39 위의 표를 참고할 때, 가위바위보의 결과를 올바르게 설명한 것은 어느 것인가? (단, 무승부는 없다고 가정함)

① 덕현의 6승 9패
② 희선의 7승 8패
③ 덕현의 8승 7패
④ 희선의 6승 9패
⑤ 덕현의 10승 5패

40 다음 중 덕현과 희선의 가위바위보 승리 횟수에 따른 최종 승자와 패자가 반드시 뒤바뀔 수 있는 경우는 어느 것인가?

① 덕현의 바위와 보가 각각 1번씩 보와 바위로 바뀐다.
② 덕현과 희선의 바위가 각각 1번씩 가위로 바뀐다.
③ 희선의 가위 2번이 보로 바뀐다.
④ 희선의 바위 2번이 가위로 바뀐다.
⑤ 덕현의 가위 2번이 보로 바뀐다.

41 다음은 ABC교통공사의 운임정보에 해당한다. 이 자료를 바탕으로 고객에게 올바른 설명을 한 것은?

〈ABC교통공사 운임정보〉
㉠ 승차권 종류
• QR승차권 : 1회권/일반용, 청소년용, 다자녀가정·어린이용
• 모바일승차권/교통카드 : 어른용, 청소년용, 어린이용
• 정기승차권 : 1일권, 7일권, 1개월권(단, 타 교통수단 이용불가)
㉡ 교통카드/모바일승차권/QR승차권 운임표
• 교통카드/모바일승차권

구분	교통카드·모바일승차권		
	어른	청소년	어린이
1구간	1,300원	1,050원	650원
2구간	1,500원	1,200원	750원

• QR승차권

구분	교통카드·모바일승차권		
	어른	청소년	어린이
1구간	1,400원	1,150원	700원
2구간	1,600원	1,300원	800원

※ 어른은 만19세 이상, 청소년은 만13세 이상 ~ 만18세 이하, 어린이(할인)는 만6세 이상~만12세 이하

㉢ 정기승차권 운임표
• 1일권 : 5,000원(발매당일 구간 및 횟수제한 없이 사용)
• 7일권 : 21,000원(7일간 구간제한 없이 20회까지 사용)
• 1개월권 : 21,000원(30일간 구간제한 없이 60회까지 사용)

• 유의사항
 − 반환 시에는 사용횟수로 산출한 금액·수수료 공제 후 반환
 − 보충일로부터 1개월권은 30일, 7일권은 7일이 경과한 경우 반환 금액이 없다.
ⓔ 무임(우대권 발급)
• 경로우대자(만65세 이상), 장애인(장애정도가 중증인 경우 보호자 1인 포함)
• 국가유공자(1~7급), 독립유공자, 5·18민주유공자(1급은 보호자 1인 포함)
• 선·후불 교통카드(정기권 교통카드 포함) 사용여객이 이용방향 착오 등의 사유로 최초 개표 후 5분 이내에 동일역에서 동일카드로 다시 개표하는 경우 1회에 한하여 기본운임을 면제
ⓜ 운임제도 : 이동구간제이다. 출발역에서 10km까지는 1구간, 초과하면 2구간이다.

① 만 13세 어린이가 탑승을 한다면 할인을 받을 수 있습니다. QR승차권으로 750원을 지불하시면 됩니다.
② ABC교통공사 정기승차권은 DEF교통공사의 교통수단도 함께 이용하실 수 있습니다.
③ 출발지에서 11km 떨어진 지역으로 어른 1명, 청소년 1명이 간다면 우대권 발급에 해당되는 경우가 없다면 모바일 승차권 가격은 2,350원입니다.
④ 10일간 구간과 횟수에 제한 없이 이용하시길 원하신다면 1개월권을 구매하는 것이 저렴합니다.
⑤ 1개월권을 구입하시고 30일이 지나면 환불을 받으실 수 없습니다.

42 100명의 근로자를 고용하고 있는 ○○기관 인사팀에 근무하는 S는 고용노동법에 따라 기간제 근로자를 채용하였다. 제시된 법령의 내용을 참고할 때, 기간제 근로자로 볼 수 없는 경우는? (기간제 근로자는 기간의 정함이 있는 근로계약을 체결한 근로자이다.)

제10조
① 이 법은 상시 5인 이상의 근로자를 사용하는 모든 사업 또는 사업장에 적용한다. 다만 동거의 친족만을 사용하는 사업 또는 사업장과 가사사용인에 대하여는 적용하지 아니한다.
② 국가 및 지방자치단체의 기관에 대하여는 상시 사용하는 근로자의 수에 관계없이 이 법을 적용한다.
제11조
① 사용자는 2년을 초과하지 아니하는 범위 안에서(기간제 근로계약의 반복갱신 등의 경우에는 계속 근로한 총 기간이 2년을 초과하지 아니하는 범위 안에서) 기간제 근로자※를 사용할 수 있다. 다만 다음 각 호의 어느 하나에 해당하는 경우에는 2년을 초과하여 기간제 근로자로 사용할 수 있다.
  1. 사업의 완료 또는 특정한 업무의 완성에 필요한 기간을 정한 경우
  2. 휴직·파견 등으로 결원이 발생하여 당해 근로자가 복귀할 때까지 그 업무를 대신할 필요가 있는 경우
  3. 전문적 지식·기술의 활용이 필요한 경우와 박사 학위를 소지하고 해당 분야에 종사하는 경우
② 사용자가 제1항 단서의 사유가 없거나 소멸되었음에도 불구하고 2년을 초과하여 기간제 근로자로 사용하는 경우에는 그 기간제 근로자는 기간의 정함이 없는 근로계약을 체결한 근로자로 본다.

---

① 수습기간 3개월을 포함하여 1년 6개월간 A를 고용하기로 근로계약을 체결한 경우
② 근로지 E의 휴직으로 결원이 발생하여 2년간 B를 계약직으로 고용하였는데, E의 복직 후에도 B가 계속해서 현재 3년 이상 근무하고 있는 경우
③ 사업 관련 분야 박사학위를 취득한 C를 계약직(기간제) 연구원으로 고용하여 C가 현재 3년간 근무하고 있는 경우
④ 국가로부터 도급받은 3년간의 건설공사를 완성하기 위해 D를 그 기간 동안 고용하기로 근로계약을 체결한 경우
⑤ 근로자 F가 해외 파견으로 결원이 발생하여 돌아오기 전까지 3년간 G를 고용하기로 근로계약을 체결한 경우

43 ◇◇자동차그룹 기술개발팀은 수소연료전지 개발과 관련하여 다음의 자료를 바탕으로 회의를 진행하고 있다. 잘못된 분석을 하고 있는 사람은?

① 甲 : 현재는 석유와 천연가스 등 화석연료에서 수소를 얻고 있지만, 미래에는 재생에너지나 원자력을 활용한 수소 제조법이 사용될 것이다.

② 乙 : 수소는 기체, 액체, 고체 등 저장 상태에 관계없이 연료전지에 활용할 수 있다는 장점을 갖고 있다.

③ 丙 : 수소저장기술은 기체나 액체 상태로 저장하는 방식과 고체(매체)로 저장하는 방식으로 나눌 수 있다.

④ 丁 : 수소를 제조하는 기술에는 화석연료를 전기분해하는 방법과 재생에너지를 이용하여 물을 열분해하는 두 가지 방법이 있다.

⑤ 戊 : 수소는 물, 석유, 천연가스 및 유기성 폐기물 등에 함유되어 있으므로, 다양한 원료로부터 생산할 수 있다.

‖44~45‖ 당신은 영업사원이다. 오늘 안에 외근을 하며 들러야 할 지점의 목록은 다음과 같다. 교통수단으로는 지하철을 이용하는데, 한 정거장을 이동할 때는 3분이 소요되며, 환승하는 경우 환승시간은 10분이 소요된다. 각 물음에 답하시오.

(1) 업체목록
① A증권 : 행당역
② B인쇄소 : 청담역
③ C서점 : 사가정역
④ D본사 : 여의도역
⑤ E마트 : 사당역
⑥ F은행 : 옥수역

(2) 지하철 노선도

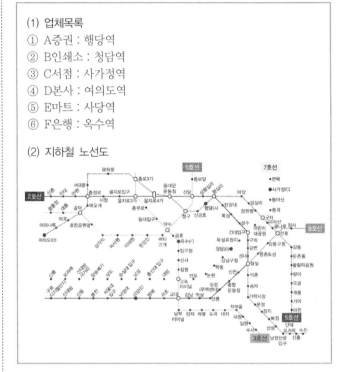

44 당신은 신당역에서 10시에 출발하여 먼저 F은행에 들러서 서류를 받아 C서점에 전달해야 한다. 소요시간을 고려할 때, 가장 효율적으로 이동할 수 있는 순서를 고르면?

① 신당 – 을지로3가 – 옥수 – 고속터미널 – 사가정
② 신당 – 을지로3가 – 옥수 – 교대 – 건대입구 – 사가정
③ 신당 – 약수 – 옥수 – 고속터미널 – 사가정
④ 신당 – 약수 – 옥수 – 교대 – 건대입구 – 사가정
⑤ 신당 – 약수 – 교대 – 옥수 – 건대입구 – 사가정

45 C서점에 주문한 책이 아직 나오지 않아 금일 방문하지 않게 되었다. 또한, 한 팀이 합세하여, 그 팀이 D본사와 A증권을 방문하기로 했다. 당신은 F은행에서 출발해서 남은 지점만 방문하면 된다. 소요시간을 최소로 하여 이동할 때 이동하는 정거장 수와 환승하는 횟수를 짝지은 것으로 적절한 것을 고르시면?

	이동하는 정거장 수	환승하는 횟수
①	20	2
②	18	2
③	20	3
④	17	3
⑤	21	4

46 K공사는 직원들의 창의력을 증진시키기 위하여 '창의 테마파크'를 운영하고자 한다. 다음의 프로그램들을 대상으로 전문가와 사원들이 평가를 실시하여 가장 높은 점수를 받은 프로그램을 최종 선정하여 운영한다고 할 때, '창의 테마파크'에서 운영할 프로그램은?

분야	프로그램명	전문가 점수	사원 점수
미술	내 손으로 만드는 철로	26	32
인문	세상을 바꾼 생각들	31	18
무용	스스로 창작	37	25
인문	역사랑 놀자	36	28
음악	연주하는 사무실	34	34
연극	연출노트	32	30
미술	예술캠프	40	25

※ 전문가와 사원은 후보로 선정된 프로그램을 각각 40점 만점제로 우선 평가하였다.
※ 전문가 점수와 사원 점수의 반영 비율을 3 : 2로 적용하여 합산한 후, 하나밖에 없는 분야에 속한 프로그램에는 취득점수의 30%를 가산점으로 부여한다.

① 연주하는 사무실　　② 스스로 창작
③ 역사랑 놀자　　④ 연출노트
⑤ 예술캠프

47 호텔 연회부에 근무하는 A는 연회장 예약일정 관리를 담당하고 있다. 다음과 같이 예약이 되어있는 상황에서 "12월 첫째 주 또는 둘째 주에 회사 송년의 밤 행사를 위해서 연회장을 예약하려고 합니다. 총 인원은 250명이고 월, 화, 수요일은 피하고 싶습니다. 예약이 가능할까요?"라는 고객의 전화를 받았을 때, A의 판단으로 옳지 않은 것은?

〈12월 예약 일정〉

월	화	수	목	금	토	일
1 실버 (13) 블루 (14)	2 레드 (16)	3 블루 (13) 골드 (14)	4 골드 (13) 블루 (17)	5 골드 (14) 실버 (17)	6 실버 (13) 골드 (15)	7 레드 (10) 블루 (16)
8	9 실버 (13) 블루 (16)	10 레드 (16)	11 골드 (14) 블루 (17)	12 레드 (13) 골드 (17)	13 골드 (12)	14 실버 (10) 레드 (15)

※ 예약명은 연회장 이름(시작시간)

〈호텔 연회장 현황〉

연회장 구분	수용 가능 인원	최소 투입인력	연회장 이용시간
레드	200명	25명	3시간
블루	300명	30명	2시간
실버	200명	30명	3시간
골드	300명	40명	3시간

※ 오후 9시에 모든 업무를 종료함
※ 연회부의 동 시간대 투입 인력은 총 70명을 넘을 수 없음
※ 연회시작 전, 후 1시간씩 연회장 세팅 및 정리

① 인원을 고려했을 때 블루 연회장과 골드 연회장이 적합하겠군.
② 송년의 밤 행사이니 저녁 시간대 중 가능한 일자를 확인해야 해.
③ 목요일부터 일요일까지 일정을 확인했을 때 평일은 예약이 불가능해.
④ 모든 조건을 고려했을 때 가능한 연회장은 13일 블루 연회장뿐이구나.
⑤ 5일에 실버 연회장 예약이 취소된다면 그 날 예약이 가능하겠군.

48 다음은 「보안업무규칙」의 일부이다. A연구원이 이 내용을 보고 알 수 있는 사항이 아닌 것은?

제3장 인원보안

제7조

인원보안에 관한 업무는 인사업무 담당부서에서 관장한다.

제8조

① 비밀취급인가 대상자는 별표 2에 해당하는 자로서 업무상 비밀을 항상 취급하는 자로 한다.

② 원장, 부원장, 보안담당관, 일반보안담당관, 정보통신보안담당관, 시설보안담당관, 보안심사위원회 위원, 분임보안담당관과 문서취급부서에서 비밀문서 취급담당자로 임용되는 자는 II급 비밀의 취급권이 인가된 것으로 보며, 비밀취급이 불필요한 직위로 임용되는 때에는 해제된 것으로 본다.

제9조

각 부서장은 소속 직원 중 비밀취급인가가 필요하다고 인정되는 때에는 별지 제1호 서식에 의하여 보안담당관에게 제청하여야 한다.

제10조

보안담당관은 비밀취급인가대장을 작성·비치하고 인가 및 해제사유를 기록·유지한다.

제11조

다음 각 호의 어느 하나에 해당하는 자에 대하여는 비밀취급을 인가해서는 안 된다.

1. 국가안전보장, 연구원 활동 등에 유해로운 정보가 있음이 확인된 자

2. 3개월 이내 퇴직예정자

3. 기타 보안 사고를 일으킬 우려가 있는 자

제12조

① 비밀취급을 인가받은 자에게 규정한 사유가 발생한 경우에는 그 비밀취급인가를 해제하고 해제된 자의 비밀취급인가증은 그 소속 보안담당관이 회수하여 비밀취급인가권자에게 반납하여야 한다.

---

① 비밀취급인가 대상자에 관한 내용

② 취급인가 사항에 해당되는 비밀의 분류와 내용

③ 비밀취급인가의 절차

④ 비밀취급인가의 제한 조건 해당 사항

⑤ 비밀취급인가의 해제 및 취소

49 김 사원, 이 사원, 박 사원, 정 사원, 최 사원은 신입사원 오리엔테이션을 받으며 왼쪽부터 순서대로 앉아 강의를 들었다. 각기 다른 부서로 배치된 이들은 4년 후 신규 대리 진급자 시험을 보기 위해 다시 같은 강의실에 모이게 되었다. 다음의 〈조건〉을 모두 만족할 때, 어떤 경우에도 바로 옆에 앉는 두 사람은 누구인가?

〈조건〉

A. 신규 대리 진급자 시험에 응시하는 사람은 김 사원, 이 사원, 박 사원, 정 사원, 최 사원뿐이다.

B. 오리엔테이션 당시 앉았던 위치와 같은 위치에 앉아서 시험을 보는 직원은 아무도 없다.

C. 김 사원과 박 사원 사이에는 1명이 앉아 있다.

D. 이 사원과 정 사원 사이에는 2명이 앉아 있다.

---

① 김 사원, 최 사원   ② 이 사원, 박 사원

③ 김 사원, 이 사원   ④ 정 사원, 최 사원

⑤ 박 사원, 정 사원

50 다음은 이야기 내용과 그에 관한 설명이다. 이야기에 관한 설명 중 이야기 내용과 일치하는 것은 모두 몇 개인가?

[이야기 내용]

A사에서 올해 출시한 카메라 P와 Q는 시중의 모든 카메라보다 높은 화소를 가졌고, 모든 카메라보다 가볍지는 않다. Q와 달리 P는 셀프카메라가 용이한 틸트형 LCD를 탑재하였으며 LCD 터치 조작이 가능하다. 이처럼 터치조작이 가능한 카메라는 A사에서 밖에 제작되지 않는다. Q는 P에 비해 본체 사이즈가 크지만 여러 종류의 렌즈를 바꿔 끼울 수 있고, 무선 인터넷을 통해 SNS 등으로 바로 사진을 옮길 수 있다.

[이야기에 관한 설명]

1. P와 Q는 서로 다른 화소를 가졌다.

2. 터치조직이 가능한 카메라는 P뿐이다.

3. Q는 다양한 렌즈를 사용할 수 있다.

4. P보다 가벼운 카메라는 존재하지 않는다.

5. P와 Q는 같은 회사에서 출시되었다.

6. Q는 무선 인터넷 접속이 가능하다.

---

① 0개   ② 1개

③ 2개   ④ 3개

⑤ 4개

>>> **철도관련법령**

51 다음 중 철도산업발전기본법령상 철도산업위원회에 대한 설명으로 옳은 것은?

① 위원회는 위원장을 포함한 15인 이내의 위원으로 구성한다.
② 철도산업에 관하여 위원장이 회의에 부치는 사항도 위원회의 심의·조정 사항에 포함된다.
③ 위원장은 국가철도공단의 이사장이 된다.
④ 공정거래위원회부위원장은 위원회의 위원이 될 수 없다.
⑤ 위원의 임기는 3년으로 한다.

52 철도산업발전기본법령상 철도이용자의 권익보호를 위해 강구해야 할 시책으로 옳지 않은 것은?

① 철도이용자의 생명·신체 및 재산상의 위해 방지
② 철도이용자의 불만 및 피해에 대한 신속·공정한 구제조치
③ 철도이용자의 요구에 따른 철도운영체계의 개선에 관한 연구
④ 철도이용자의 권익보호를 위한 홍보·교육 및 연구
⑤ 철도이용자 보호와 관련된 사항

53 철도산업발전기본법령상 철도자산처리계획에 포함되어야 할 내용으로 옳지 않은 것은?

① 철도자산의 처리방향에 관한 사항
② 철도자산처리의 추진일정에 관한 사항
③ 철도자산의 수탁기관 선정절차에 관한 사항
④ 철도자산의 개요 및 현황에 관한 사항
⑤ 철도자산의 구분기준에 관한 사항

54 철도산업발전기본법령상 2년 이하의 징역 또는 3천만 원 이하의 벌금에 해당하지 않는 것은?

① 허가를 받지 아니하고 철도시설을 사용한 자
② 임시열차의 편성 및 운행의 비상사태 시 처분에 따른 조정·명령 등의 조치를 위반한 자
③ 거짓이나 그 밖의 부정한 방법으로 철도시설을 사용하고자 하는 허가를 받은 자
④ 국토교통부장관의 승인을 얻지 아니하고 특정 노선 및 역을 폐지한 자
⑤ 지역별·노선별·수송대상별 수송 우선순위 부여 등 수송 통제를 위반한 자

55 한국철도공사법령상 사업연도 결산 결과 이익금이 생기면 자본금의 2분의 1이 될 때까지 이익금의 얼마 이상을 이익준비금으로 적립하여야 하는가?

① 5분의 1 이상
② 5분의 2 이상
③ 10분의 1 이상
④ 10분의 2 이상
⑤ 10분의 3 이상

56 한국철도공사법상 공사가 아닌 자가 한국철도공사 또는 이와 유사한 명칭을 사용한 경우에 과태료를 부과할 수 있는 금액은?

① 100만 원 이하
② 200만 원 이하
③ 300만 원 이하
④ 500만 원 이하
⑤ 700만 원 이하

57 다음은 철도사업법상 철도사업면허에 대한 결격사유 중 하나이다. 밑줄 친 ㉮에 속하지 않는 법령은?

> 철도사업법 또는 ㉮대통령령으로 정하는 철도 관계 법령을 위반하여 금고 이상의 형의 집행유예를 선고받고 그 유예 기간 중에 있는 임원이 있는 법인은 철도사업의 면허를 받을 수 없다〈철도사업법 제7조 제1호 라목〉.

① 국가철도공단법
② 철도산업발전 기본법
③ 한국고속철도건설공단법
④ 도시철도법
⑤ 철도안전법

58 철도사업법상 철도사업자 또는 철도사업자로부터 승차권 판매위탁을 받지 않은 자가 해서는 안 되는 행위는?

① 자신이 구입한 가격으로 승차권을 다른 사람에게 판매하는 행위
② 철도사업자로부터 자신이 직접 구입한 가격으로 승차권을 알선하는 행위
③ 할인권 · 교환권 등을 무료로 다른 사람에게 주는 행위
④ 자신이 구입한 가격을 초과한 금액으로 승차권을 다른 사람에게 판매하는 행위
⑤ 여객 유치를 위한 기념행사 시 여객 운임 · 요금을 감면하는 행위

59 철도사업법상 고의 또는 중대한 과실에 의하여 발생한 철도사고의 과징금액이 잘못 연결된 것은?

① 1회의 철도사고로 인한 사망자가 6명 발생한 경우 : 500만 원
② 1회의 철도사고로 인한 사망자가 9명 발생한 경우 : 700만 원
③ 1회의 철도사고로 인한 사망자가 15명 발생한 경우 : 1,000만 원
④ 1회의 철도사고로 인한 사망자가 30명 발생한 경우 : 2,000만 원
⑤ 1회의 철도사고로 인한 사망자가 50명 발생한 경우 : 5,000만 원

60 철도사업법령상 전용철도 운영자가 사망한 후 상속인이 전용철도의 운영을 계속하려는 경우 사망신고를 해야 하는 기간은?

① 피상속인이 사망한 날부터 1개월 이내
② 피상속인이 사망한 날부터 3개월 이내
③ 피상속인이 사망신고 한 날부터 5개월 이내
④ 피상속인이 사망신고 한 날부터 6개월 이내
⑤ 피상속인이 사망신고 한 날부터 10개월 이내

코레일(한국철도공사) 필기시험

성	명

아래에 문구를 빈칸에 정자로 기재하시오.

햇볕이 쏟아지는 가을날에 선선한 바람을 맞으며 하루를 보낸다.

필적확인란 :

직업기초능력평가

1	① ② ③ ④ ⑤	16	① ② ③ ④ ⑤	31	① ② ③ ④ ⑤	46	① ② ③ ④ ⑤
2	① ② ③ ④ ⑤	17	① ② ③ ④ ⑤	32	① ② ③ ④ ⑤	47	① ② ③ ④ ⑤
3	① ② ③ ④ ⑤	18	① ② ③ ④ ⑤	33	① ② ③ ④ ⑤	48	① ② ③ ④ ⑤
4	① ② ③ ④ ⑤	19	① ② ③ ④ ⑤	34	① ② ③ ④ ⑤	49	① ② ③ ④ ⑤
5	① ② ③ ④ ⑤	20	① ② ③ ④ ⑤	35	① ② ③ ④ ⑤	50	① ② ③ ④ ⑤
6	① ② ③ ④ ⑤	21	① ② ③ ④ ⑤	36	① ② ③ ④ ⑤		
7	① ② ③ ④ ⑤	22	① ② ③ ④ ⑤	37	① ② ③ ④ ⑤		
8	① ② ③ ④ ⑤	23	① ② ③ ④ ⑤	38	① ② ③ ④ ⑤		
9	① ② ③ ④ ⑤	24	① ② ③ ④ ⑤	39	① ② ③ ④ ⑤		
10	① ② ③ ④ ⑤	25	① ② ③ ④ ⑤	40	① ② ③ ④ ⑤		
11	① ② ③ ④ ⑤	26	① ② ③ ④ ⑤	41	① ② ③ ④ ⑤		
12	① ② ③ ④ ⑤	27	① ② ③ ④ ⑤	42	① ② ③ ④ ⑤		
13	① ② ③ ④ ⑤	28	① ② ③ ④ ⑤	43	① ② ③ ④ ⑤		
14	① ② ③ ④ ⑤	29	① ② ③ ④ ⑤	44	① ② ③ ④ ⑤		
15	① ② ③ ④ ⑤	30	① ② ③ ④ ⑤	45	① ② ③ ④ ⑤		

철도관련법령

61	① ② ③ ④ ⑤
62	① ② ③ ④ ⑤
63	① ② ③ ④ ⑤
64	① ② ③ ④ ⑤
65	① ② ③ ④ ⑤
66	① ② ③ ④ ⑤
67	① ② ③ ④ ⑤
68	① ② ③ ④ ⑤
69	① ② ③ ④ ⑤
70	① ② ③ ④ ⑤

생년월일

생	년	월	일					
⓪	⓪	⓪	⓪	⓪	⓪	⓪	⓪	⓪
①	①	①	①	①	①	①	①	①
②	②	②	②	②	②	②	②	②
③	③	③	③	③	③	③	③	③
④	④	④	④	④	④	④	④	④
⑤	⑤	⑤	⑤	⑤	⑤	⑤	⑤	⑤
⑥	⑥	⑥	⑥	⑥	⑥	⑥	⑥	⑥
⑦	⑦	⑦	⑦	⑦	⑦	⑦	⑦	⑦
⑧	⑧	⑧	⑧	⑧	⑧	⑧	⑧	⑧
⑨	⑨	⑨	⑨	⑨	⑨	⑨	⑨	⑨

코레일
(한국철도공사)
필기시험 모의고사

- 정답 및 해설 -

SEOWONGAK
(주)서원각

---

1 ⑤

밑줄 친 '늘릴 수'는 '시간이나 기간이 길어지다.'의 뜻으로 쓰였다. 따라서 이와 의미가 동일하게 쓰인 것은 ⑤이다.
① 물체의 넓이, 부피 따위를 본디보다 커지게 하다.
② 살림이 넉넉해지다.
③ 힘이나 기운, 세력 따위가 이전보다 큰 상태가 된다.
④ 재주나 능력 따위가 나아지다.

2 ②

② (나)에 따르면 조사 대상의 84%가 작업 중 스마트폰 사용이 위험하다는 사실을 알고 있다. 따라서 작업 중 스마트폰 사용이 위험하다는 사실을 알지 못하는 것이 산업현장 사고 발생 원인의 하나임을 제시하는 것은 적절하지 않다.

3 ⑤

통보(通報)는 '통지하여 보고한다'는 의미이다. 실무위원회에서 검토·조정하여 상정한 결과가 확정되면 수립권자에게 알려준다는 의미로 통보를 사용하여야 적합하다.

4 ③

제2조 제1항 1호에 의하면 종이승차권은 운행정보 등 운송에 필요한 사항을 승차권용 전용 용지에 인쇄한 승차권을 말한다.

5 ③

③ 제10조 제5항에 따라 승차권 취소를 위해서 매표창구, 모바일 매체 등을 사용할 수 있다.
① 제10조 제1항에 따라 승차권은 출발 1개월 전에는 발권이 가능하다.
② 제10조 제2항에 따라 승차권은 예약과 동시에 결제·발권을 해야 한다.
④ 제12조 제1항에 따라 승차권 분실시 승차권은 무효가 된다.
⑤ 제13조 제1항에 따라 소아가 1인을 초과하거나 좌석 점유를 하지 않는 경우에만 무임으로 사용할 수 있다. 좌석 점유를 한다면 할인된 운임을 적용받을 수 있다.

6 ④

"소득이 늘면서 유행에 목을 매다보니 남보다 한 발짝이라도 빨리 가고 싶은 욕망이 생기고 그것이 유행의 주기를 앞당기는 것이다."에서 보듯이 유행과 소비자들이 복잡한 욕구가 서로 얽혀 유행 풍조를 앞당기고 있다고 할 수 있다.

---

7 ⑤

⑤ 제40조(열차운행의 일시 중지) 제3항

① 제39조(철도차량의 운행)에 따라서 국토교통부령으로 정한다.

② 제39조의3(영상기록장치의 설치·운영 등) 제1항에 따라서 철도운영자가 설치·운영을 한다.

③ 제39조의3(영상기록장치의 설치·운영 등) 제4항 제1호에 따라서 교통사고 상황 파악을 위해서 영상기록을 이용하거나 제공할 수 있다.

④ 제40조(열차운행의 일시 중지) 제1항에 따라 철도종사자가 아니라 철도운영자가 일시 중지를 할 수 있다.

8 ④

㈔ 세대원의 청약제한 판단기준

㈎ 주택 청약을 위한 청약통장의 종류

㈏ 주택청약종합저축에 대한 설명

㈐ 주택청약종합저축의 청약대상주택 변경

㈑ 주택청약종합저축의 특징

9 ①

말다 … '말고' 꼴로 명사의 단독형과 함께 쓰여 '아니고'의 뜻을 나타낸다.

② 밥이나 국수 따위를 물이나 국물에 넣어서 풀다.

③ 종이나 김 따위의 얇고 넓적한 물건에 내용물을 넣고 돌돌 감아 싸다.

④⑤ 어떤 일이나 행동을 하지 않거나 그만두다.

10 ②

㈎ 이러한 경우, 평가대상 기관 항목 아래 '개별기관별 별도 통보함'이라는 문구를 삽입해 주는 것이 바람직하다.

㈏ 연월일의 표시에서는 모든 아라비아 숫자 뒤에 마침표를 쓰는 것이 문서작성 원칙이다.

㈐ 공고문이나 안내문 등에서는 연락처를 기재하는 것이 원칙이다.

㈑ 1번과 2번 항목이 5번 항목의 뒤로 오는 것이 일반적인 순서에 맞고, 읽는 사람이 알고자 하는 사항을 적절한 순서로 작성한 것으로 볼 수 있다.

11 ①

① 전반적으로 수온의 상승이 전망되지만 겨울철 이상 기후로 인한 저수온 현상으로 대표적 한대성 어종인 대구가 남하하게 되어, 동해, 경남 진해에서 잡히던 대구가 인천이 아닌 전남 고흥, 여수 등지에서 잡힐 것으로 전망하고 있다.

② 생활환경에 물관리, 건강 부문을 통해 유추할 수 있다.

③ 노후화로 인해 방조제, 항구 등이 범람에 취약해지고, 가뭄과 홍수가 보다 빈번해질 것으로 볼 수 있다.

④ 참치 등 난대성 어종 양식 기회가 제공되어 시중의 참치 가격이 인하된다고 볼 수 있으며, 수온 상승은 하천에 저산소·무산소 현상을 유발할 수 있다.

⑤ 아열대성 기후로 인한 질병이 증가하나, 이로 인한 말라리아, 뎅기열 등의 예방 접종률이 높아지고 경각심이 고취될 것으로 보는 것이 타당하다.

12 ②

산재보험의 소멸은 명확한 서류나 행정상의 절차를 완료한 시점이 아닌 사업이 사실상 폐지 또는 종료된 시점에 이루어진 것으로 판단하며, 법인의 해산 등기 완료, 폐업신고 또는 보험관계소멸신고 등과는 관계없다.
① 마지막 부분에 고용보험 해지에 대한 특이사항이 기재되어 있다.
③ '직권소멸'은 적절한 판단에 의해 근로복지공단이 취할 수 있는 소멸 형태이다.

13 ③

③ 두 번째 문단에서 한국은행이 발표한 최근 자료를 활용하여 자신의 논거의 근거로 삼고 있다.

14 ⑤

⑤ 현재 소비를 포기한 대가로 받는 이자를 더 중요하게 생각한다면, 저축 이자율이 떨어지고 물가 상승률이 증가하는 상황에서 저축을 해야 한다고 조언하지 않을 것이다.

15 ④

甲은 정치적 안정 여부에 대하여 '정당체제가 어떤 권력 구조와 결합하는가에 따라 결정된다. 의원내각제는 양당제와 다당제 모두와 조화되어 정치적 안정을 도모할 수 있는 반면 혼합형과 대통령제의 경우 정당체제가 양당제일 경우에만 정치적으로 안정되는 현상을 보인다.'고 주장하였으므로, 甲의 견해에 근거할 때 정치적으로 가장 불안정할 것으로 예상되는 정치체제는 대통령제이면서 정당체제가 양당제가 아닌 경우이다. 따라서 권력구조는 대통령제를 선택하고 의원들은 비례대표제 방식을 통해 선출하는(→ 대정당과 더불어 군소정당이 존립하는 다당제 형태) D형이 정치적으로 가장 불안정하다.

16 ④

④ 걷잡을 수 없어진 지구 온난화에 적응을 하지 못한 식물들이 한꺼번에 죽어 부패하면 그 속에 가두어져 있는 탄소가 대기로 방출된다고 언급하고 있다. 따라서 생명체가 소멸되면 탄소 순환 고리가 끊길 수 있지만, 대기 중의 탄소가 사라지는 것은 아니다.

17 ⑤

⑤ 형태가 일정한 물체의 회전 운동 에너지는 회전 속도의 제곱에 정비례하므로 물체의 회전 속도가 2배가 되면 회전 운동 에너지는 4배가 된다.

18 ④

① 돌림힘의 크기는 회전축에서 힘을 가하는 점까지의 거리와 가해 준 힘의 크기의 곱으로 표현된다. 따라서 갑의 돌림힘의 크기는 $1m \times 300N = 300N \cdot m$이고, 을의 돌림힘의 크기는 $2m \times 200N = 400N \cdot m$이다. 따라서 갑의 돌림힘의 크기가 을의 돌림힘의 크기보다 작다.
② 두 돌림힘의 방향이 서로 반대이므로 알짜 돌림힘의 방향은 더 큰 돌림힘의 방향과 같다. 따라서 알짜 돌림힘의 방향의 을의 돌림힘의 방향과 같다.
③ 두 돌림힘의 방향이 반대이지만, 돌림힘의 크기가 다르므로 알짜 돌림힘은 0이 아니고, 돌림힘의 평형도 유지되지 않는다.
⑤ 두 돌림힘의 방향이 서로 반대이면 알짜 돌림힘의 크기는 두 돌림힘의 크기의 차가 된다. 따라서 알짜 돌림힘의 크기는 $400 - 300 = 100N \cdot m$이다.

19 ④

ⓒ 2022년은 전체 임직원 중 20대 이하 임직원이 차지하는 비중이 50% 이하이다.

20 ③

㉮ 남편과 아내가 한국국적인 경우에 해당하는 수치가 되므로 우리나라 남녀 모두 다문화 배우자와 결혼하는 경우가 전년보다 감소하였음을 알 수 있다. → ○

㉯ (88,929 − 94,962) ÷ 94,962 × 100 = 약 −6.35% 가 된다. 따라서 다문화 신혼부부 전체의 수는 2018년에 전년대비 감소한 것이 된다. → ×

㉰ 5.0 → 6.9(남편), 32.2 → 32.6(아내)로 구성비가 변동된 베트남과 10.9 → 11.1(남편), 4.4 → 4.6(아내)로 구성비가 변동된 기타 국가만이 증가하였다. → ○

㉱ 중국인과 미국인 남편의 경우 2017년이 61.1%, 2018년이 60.2%이며, 중국인과 베트남인 아내의 경우 2017년이 71.4%, 2018년이 71.0%로 두 시기에 모두 50% 이상의 비중을 차지한다. → ○

21 ①

일본인이 남편인 경우는 2017년에 22,448쌍 중 7.5%를 차지하던 비중이 2018년에 22,114쌍 중 6.5%의 비중으로 변동되었다. 따라서 22,448 × 0.075 = 1,683쌍에서 22,114 × 0.065 = 1,437쌍으로 변동되어 246쌍이 감소되었다.

22 ②

'신재생 에너지' 분야의 사업 수를 x, '절약' 분야의 사업 수를 y라고 하면

$x + y = 600$ ······ ㉠

$\dfrac{3,500}{x} \geq 5 \times \dfrac{600}{y}$ → (양 변에 xy 곱함)

→ $3,500y \geq 3,000x$ ······ ㉡

㉠, ㉡을 연립하여 풀면 $y \geq 276.92\cdots$

따라서 '신재생 에너지' 분야의 사업별 평균 지원액이 '절약' 분야의 사업별 평균 지원액의 5배 이상이 되기 위한 사업 수의 최대 격차는 '신재생 에너지' 분야의 사업 수가 323개, '절약' 분야의 사업 수가 277개일 때로 46개이다.

23 ①

• 총 45지점이므로 $A + B + C = 10$

• PO터미날과 PO휴먼스의 직원 수가 같으므로
$5 + B = 6 + 1$, ∴ $B = 2$

• PO메이트의 공장 수는 PO휴먼스의 공장 수의 절반이므로 ∴ $A = 6 \times \dfrac{1}{2} = 3$

• PO메이트의 공장 수와 PO터미날의 공장 수를 합하면 PO기술투자의 공장 수와 같으므로
$A + B = C$, ∴ $C = 5$

따라서 $A = 3$, $B = 2$, $C = 5$이므로 두 번째로 큰 값은 3(A)이다.

24 ④

구분＼물품	A	B	C	D	E	F	G	H
조달단가 (억 원)	3	4	5	6	7	8	10	16
구매 효용성	1	0.5	1.8	2.5	1	1.75	1.9	2
정량적 기대효과	3	2	9	15	7	14	19	32

따라서 20억 원 이내에서 구매예산을 집행한다고 할 때, 정량적 기대효과 총합이 최댓값이 되는 조합은 C, D, F로 9 + 15 + 14 = 38이다.

25 ②

② TV 및 DVD 시청 $= \dfrac{12.0 - 11.1}{11.1} \times 100 = 8.1(\%)$

① 여행 $= \dfrac{64.1 - 59.6}{59.6} \times 100 = 7.5(\%)$

③ 스포츠 활동 $= \dfrac{22.2 - 20.6}{20.6} \times 100 = 7.7(\%)$

④ 창작적 취미 $= \dfrac{16.3 - 15.6}{15.6} \times 100 = 4.4(\%)$

⑤ 자기개발 $= \dfrac{22.7 - 28.2}{28.2} \times 100 = -19.5(\%)$

26 ⑤

구분 \ 교통공사	A	B	C	D	E	합계
노선수(개)	8	4	3	3	1	19
역수(개)	284	114	91	59	22	570
영업거리(km)	308.0	115.0	83.0	63.0	21.0	590
차량 수(칸)	3,563	926	468	362	84	5,403
승차실적	15,676	1,678	987	1,162	183	19,686
합계	19,839	2,837	1,632	1,649	311	-

① 노선수가 가장 많은 곳은 A교통공사이다. A교통공사의 역수는 284개이고, B교통공사~E교통공사의 역수의 합은 286개이다. 따라서 나머지 교통공사의 역수의 합이 더 크다.

② 역수가 가장 적은 곳은 E교통공사에 해당한다.

③ C교통공사의 차량 수는 468칸이다.

④ C교통공사보다 D교통공사는 승차실적이 높지만 차량 수는 적기 때문에 옳은 설명이 아니다.

27 ③

재정력지수가 1 이상이면 지방교부세를 지원받지 않는다. 따라서 3년간 지방교부세를 지원받은 적이 없는 지방자치단체는 A시, H시 두 곳이다.

28 ④

• 푸르미네 가족의 월간 탄소배출량은
$(420 \times 0.1) + (40 \times 0.2) + (60 \times 0.3) + (160 \times 0.5)$
$= 42 + 8 + 18 + 80 = 148$kg이다.

• 소나무 8그루와 벗나무 6그루를 심을 경우 흡수할 수 있는 탄소흡수량은
$(14 \times 8) + (6 \times 6) = 112 + 36 = 148$kg/그루·월로 푸르미네 가족의 월간 탄소배출량과 같다.

29 ②

② 철도서비스 모니터링 결과에서 2023년도 열차 부문(99.51) 2023년도 계열사 부문(98.14)에 비해 높음을 알 수 있다.

① 역 부문의 경우 2023년은 2021년에 비해(98.69 – 97.27 = 1.42) 1.42 상승하였다.

③ 2023년의 경우 철도서비스 모니터링 결과에서 보듯이 역(98.69), 열차(99.51), 계열사(98.14)로 열차부문이 가장 높다.

④ 2019~2023년까지 철도서비스 모니터링 3개 부문을 모두 계산하면 다음과 같은 순서로 나타낼 수 있다.
역 부문이(97.19 + 96.06 + 97.27 + 98.22 + 98.69 = 487.43) 가장 높으며, 그 다음으로는 열차(98.36 + 97.33 + 98.83 + 99.15 + 99.51 = 493.18) 부문이 차지하고 있으며, 그 다음으로는 계열사(97.11 + 96.23 + 95.99 + 97.63 + 98.14 = 485.1) 부문의 순이다.

⑤ 2023년은 2021년에 비해(98.83 – 97.32 = 1.51) 상승함을 알 수 있다.

30 ①

보완적 평가방식은 각 상표에 있어 어떤 속성의 약점을 다른 속성의 강점에 의해 보완하여 전반적인 평가를 내리는 방식을 의미한다. 보완적 평가방식에서 차지하는 중요도는 60, 40, 20이므로 이러한 가중치를 각 속성별 평가점수에 곱해서 모두 더하면 결과 값이 나오게 된다. 각 대안(열차종류)에 대입해 계산하면 아래와 같은 결과 값을 얻을 수 있다.

- A열차의 가치 값
  $= (0.6 \times 3) + (0.4 \times 9) + (0.2 \times 8) = 7$
- B열차의 가치 값
  $= (0.6 \times 5) + (0.4 \times 7) + (0.2 \times 4) = 6.6$
- C열차의 가치 값
  $= (0.6 \times 4) + (0.4 \times 2) + (0.2 \times 3) = 3.8$
- D열차의 가치 값
  $= (0.6 \times 6) + (0.4 \times 4) + (0.2 \times 4) = 6$
- E열차의 가치 값
  $= (0.6 \times 6) + (0.4 \times 5) + (0.2 \times 4) = 6.4$

조건에서 각 대안에 대한 최종결과 값 수치에 대한 반올림은 없는 것으로 하였으므로 종합 평가점수가 가장 높은 A열차가 가영과 나영의 입장에 있어서 최종 구매대안이 되는 것이다.

31 ①

S→1→F 경로로 갈 경우에는 7명, S→3→2→F 경로로 갈 경우에는 11명이며, S→3→2→4→F 경로로 갈 경우에는 6명이므로, 최대 승객 수는 모두 더한 값인 24명이 된다.

32 ②

② 1994년 대비 1999년에 증가한 여객수송 인원은 96,560명이다. 화물수송의 경우에는 15,785톤 정도 감소되었음을 알 수 있다.

33 ①

- 하루 40feet 컨테이너에 대한 트럭의 적재량
  $= 2 \times 40 = 80$
- 월 평균 트럭 소요대수
  $= 1,600 \times 20 \div 2,000 = 16$
- 월 평균 40feet 컨테이너 트럭의 적재량
  $= 25 \times 80 = 2,000$

∴ 1일 평균 필요 외주 대수는 16 − 11 = 5대이다.

34 ①

$EOQ = \sqrt{\dfrac{2C_oD}{C_h}}$ 를 적용하면,

$\Rightarrow EOQ = \sqrt{\dfrac{2(20,000)(5,000)}{200}}$ 이 되며,

루트를 벗기면 경제적 주문량은 1,000이 된다.

35 ③

A, B, C의 장소를 각각 1대의 차량으로 방문할 시의 수송거리는 $(10 + 13 + 12) \times 2 = 70km$, 하나의 차량으로 3곳 수요지를 방문하고 차고지로 되돌아오는 경우의 수송거리 $10 + 5 + 7 + 12 = 34km$, 그러므로 70 − 34 = 36km가 된다.

36 ⑤

보기의 명제를 대우 명제로 바꾸어 정리하면 다음과 같다.

㉠ ~인사팀 → 생산팀(~생산팀 → 인사팀)

㉡ ~기술팀 → ~홍보팀(홍보팀 → 기술팀)

㉢ 인사팀 → ~비서실(비서실 → ~인사팀)

㉣ ~비서실 → 홍보팀(~홍보팀 → 비서실)

이를 정리하면 '~생산팀 → 인사팀 → ~비서실 → 홍보팀 → 기술팀'이 성립하고 이것의 대우 명제인 '~기술팀 → ~홍보팀 → 비서실 → ~인사팀 → 생산팀'도 성립하게 된다. 따라서 이에 맞는 결론은 보기 ⑤의 '생산팀을 좋아하지 않는 사람은 기술팀을 좋아한다.' 뿐이다.

37 ①

다음 차수별로 조합 및 결과는 다음과 같다.

②

원래 시료	딸기향 10㎖, 바다향 10㎖, 바닐라향 10㎖, 파우더향 10㎖, 커피향 10㎖
1차	바닐라향 10㎖ + 파우더향 10㎖ = 바닐라향 20㎖
	딸기향 10㎖, 바다향 10㎖, 커피향 10㎖
2차	딸기향 10㎖ + 바닐라향 10㎖ = 딸기향 10㎖ + 베리향 10㎖
	바닐라향 10㎖, 바다향 10㎖, 커피향 10㎖
3차	딸기향 10㎖ + 커피향 10㎖ = 커피향 20㎖
	베리향 10㎖, 바닐라향 10㎖, 바다향 10㎖

③

원래 시료	딸기향 10㎖, 바다향 10㎖, 바닐라향 10㎖, 파우더향 10㎖, 커피향 10㎖
1차	딸기향 10㎖ + 바닐라향 10㎖ = 딸기향 10㎖ + 베리향 10㎖
	바다향 10㎖, 파우더향 10㎖, 커피향 10㎖
2차	바다향 10㎖ + 파우더향 10㎖ = 바다향 20㎖
	딸기향 10㎖, 베리향 10㎖, 커피향 10㎖

④

원래 시료	딸기향 10㎖, 바다향 10㎖, 바닐라향 10㎖, 파우더향 10㎖, 커피향 10㎖
1차	바다향 10㎖ + 바닐라향 10㎖ = 바다향 10㎖ + 나무향 10㎖
	딸기향 10㎖, 파우더향 10㎖, 커피향 10㎖
2차	딸기향 10㎖ + 바다향 10㎖ = 숲속향 20㎖
	나무향 10㎖, 파우더향 10㎖, 커피향 10㎖
3차	숲속향 10㎖ + 파우더향 10㎖ = 숲속향 20㎖
	숲속향 10㎖, 나무향 10㎖, 커피향 10㎖

⑤

원래 시료	딸기향 10㎖, 바다향 10㎖, 바닐라향 10㎖, 파우더향 10㎖, 커피향 10㎖
1차	딸기향 10㎖ + 파우더향 10㎖ = 딸기향 20㎖
	바다향 10㎖, 바닐라향 10㎖, 커피향 10㎖
2차	바다향 10㎖ + 바닐라향 10㎖ = 바다향 10㎖ + 나무향 10㎖
	딸기향 20㎖, 커피향 10㎖
3차	바다향 10㎖ + 커피향 10㎖ = 커피향 20㎖
	딸기향 20㎖, 나무향 10㎖

38 ③

조건에 따라 그림으로 나타내면 다음과 같다. 네 번째 술래는 C가 된다.

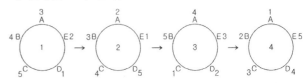

정답 및 해설

39 ④

④ 예능 프로그램 2회 방송의 총 소요 시간은 1시간 20분으로 1시간짜리 뉴스와의 방송 순서는 총 방송 편성시간에 아무런 영향을 주지 않는다.

① 채널1은 3개의 프로그램이 방송되었는데 뉴스 프로그램을 반드시 포함해야 하므로, 기획물이 방송되었다면 뉴스, 기획물, 시사정치의 3개 프로그램이 방송되었다.

② 기획물, 예능, 영화 이야기에 뉴스를 더한 방송시간은 총 3시간 40분이 된다. 채널2는 시사정치와 지역 홍보물 방송이 없고 나머지 모든 프로그램은 1시간 단위로만 방송하므로 정확히 12시에 프로그램이 끝나고 새로 시작하는 편성 방법은 없다.

③ 9시에 끝난 시사정치 프로그램에 바로 이어진 뉴스가 끝나면 10시가 된다. 기획물의 방송시간은 1시간 30분이므로, 채널3에서 영화 이야기가 방송되었다면 정확히 12시에 기획물이나 영화 이야기 중 하나가 끝나게 된다.

⑤ 예능 2회분은 1시간 20분이 소요되며, 뉴스 1시간, 영화 이야기 30분을 모두 더하면 총 2시간 50분이 소요된다. 따라서 12시까지는 2시간 10분이 남게 되어 4종류의 프로그램만 방송될 경우, 예능(2회분), 뉴스, 영화 이야기와 함께 시사정치가 방송될 수밖에 없다.

40 ⑤

⑤ 채널2에서 영화 이야기 프로그램 편성을 취소하면 3시간 10분의 방송 소요시간만 남게 되므로 정각 12시에 프로그램을 마칠 수 없다.

① 기획물 1시간 30분 + 뉴스 1시간 + 시사정치 2시간 30분 = 5시간으로 정각 12시에 마칠 수 있다.

② 뉴스 1시간 + 기획물 1시간 30분 + 예능 40분 + 영화 이야기 30분 + 지역 홍보물 20분 = 4시간이므로 1시간짜리 다른 프로그램을 추가하면 정각 12시에 마칠 수 있다.

③ 시사정치 2시간 + 뉴스 1시간 + 기획물 1시간 30분 + 영화 이야기 30분 = 5시간으로 정각 12시에 마칠 수 있다.

④ 예능 1시간 20분 + 뉴스 1시간 = 2시간 20분이므로 시사정치가 2시간 이상 방송하여 11시 30분 또는 11시 40분에 종료한다면, 영화 이야기나 지역 홍보물을 추가하여 모두 4종류의 프로그램을 정각 12시에 마칠 수 있다.

41 ②

② 통화대기를 한 경우이므로 이 부장 통화 후 수화기를 들고 통화대기 버튼을 눌러야 한다.

① 세 자리 내선번호의 맨 앞자리는 각 부서를 의미하는 것임을 알 수 있다.

③ 당겨 받을 경우 * 버튼을 두 번 누르면 되므로 신 대리의 내선번호를 누를 필요는 없다.

④ 타 직원에게 전화를 돌려주는 경우이므로 # 버튼을 누른 후 이 대리의 내선번호인 105번을 반드시 눌러야 한다.

⑤ # 버튼을 누르는 것은 타 직원에게 전화를 돌려주는 것이므로 상대방의 통화가 아직 끝나지 않은 것이다.

42 ⑤

조건에 따라 신규 매장 위치를 표시하면 다음과 같다.
따라서 신규 매장이 위치할 수 없는 곳은 ⓔ이다.

43 ①

甲 : 사망자가 공무원의 부모이고, 해당 공무원이 2인 이상(직계비속인 C와 D)인 경우이므로 사망한 자를 부양하던 직계비속인 공무원인 D가 사망조위금 최우선 순위 수급권자이다.

乙 : 사망자 C는 공무원의 배우자이자 자녀이다. 해당 공무원이 2인 이상(직계존속인 A와 B, 배우자인 D)인 경우이므로 사망한 자의 배우자인 공무원인 D가 사망조위금 최우선 순위 수급자이다.

丙 : 사망자 A 본인이 공무원인 경우로, 사망조위금 최우선 순위 수급자는 사망한 공무원의 배우자인 B가 된다.

44 ①

② 가격을 낮추어 기타 업체들과 경쟁하는 전략으로 WO전략에 해당한다.

③ 위협을 회피하고 약점을 최소화하는 WT전략에 해당한다.

④ 정부의 지원이라는 기회를 활용하여 약점을 극복하는 WO전략에 해당한다.

⑤ ST전략에 해당한다.

45 ③

①③ 업체 간의 업무 제휴라는 기회를 통해 약점을 극복한 WO전략에 해당한다.

② IT기술과 전자상거래 기술 발달이라는 기회를 통해 약점을 극복한 WO전략에 해당한다.

④ 강점을 이용하여 위협을 회피하는 ST전력에 해당한다.

⑤ WO전략에 해당한다.

46 ①

甲과 丙의 진술로 볼 때, C = 삼각형이라면 D = 오각형이고, C = 원이라면 D = 사각형이다. C = 삼각형이라면 戊의 진술에서 A = 육각형이고, 丁의 진술에서 E ≠ 사각형이므로 乙의 진술에서 B = 오각형이 되어 D = 오각형과 모순된다. 따라서 C = 원이다. C = 원이라면 D = 사각형이므로, 丁의 진술에서 A = 육각형, 乙의 진술에서 B = 오각형이 되고 E = 삼각형이다. 즉, A = 육각형, B = 오각형, C = 원, D = 사각형, E = 삼각형이다.

47 ③

1. 키가 110cm 미만인 아동이 10명, 심한 약시인 아동이 10명 있지만, 이 학교의 총 학생 수가 20 명인지는 알 수 없다. → ×

2. 키가 110cm 미만인 아동은 모두 특수 스트레칭 교육을 받는데, 이 학교에는 키가 110cm 미만인 아동이 10명 있으므로 특수 스트레칭 교육을 받는 아동은 최소 10명이다. → ○

3. 약시인 어떤 아동은 특수 영상장치가 설치된 학급에서 교육을 받는데, 특수 스트레칭 교육을 받는 아동 중에는 약시인 아동이 없으므로 특수 스트레칭 교육을 받는 아동은 특수 영상장치가 설치된 학급에서 교육을 받지 않는다. → ×

4. 이 학교의 학급 수는 알 수 없다. → ×

5. 석이의 키가 100cm라면, 석이는 특수 스트레칭 교육을 받고 약시가 아니다. → ○

6. 약시인 어떤 아동은 특수 영상장치가 설치된 학급에서 교육을 받으므로, 약시인 아동이라고 해서 모두 특수 영상장치가 설치된 학급에서 교육을 받는 것은 아니다. 따라서 숙이, 철이, 석이 모두 약시라도, 세 사람은 같은 교실에서 교육을 받는지는 알 수 없다. → ×

48 ②

• 36개의 로봇을 6개씩 6팀으로 나눠 각 팀의 1위를 가린다. → 6경기

• 각 팀의 1위 로봇끼리 재경기를 해 1위를 가린다. → 1경기(가장 빠른 로봇이 가려짐)

• 가장 빠른 로봇이 나온 팀의 2위 로봇과 나머지 팀의 1위 로봇을 재경기해 1위를 가린다. → 1경기(두 번째로 빠른 로봇이 가려짐)

따라서 36개의 로봇 중 가장 빠른 로봇 1위와 2위를 선발하기 위해 필요한 최소 경기 수는 8경기이다.

49 ④

설문조사지는 조사의 목적에 적합한 결과를 얻을 수 있는 문항으로 작성되어야 한다. 제시된 설문조사는 보다 나은 제품과 서비스 공급을 위하여 브랜드 인지도를 조사하는 것이 목적이므로, 자사 자사의 제품이 고객들에게 얼마나 인지되어 있는지, 어떻게 인지되었는지, 전자제품의 품목별 선호 브랜드가 동일한지 여부 등 인지도 관련 문항이 포함되어야 한다. ④번은 특정 제품의 필요성을 묻고 있으므로 자사의 브랜드 인지도 제고와의 연관성이 낮아 설문조사 항목으로 가장 적절하지 않다.

50 ③

1천만 원 이상의 과태료가 내려지게 되면 공표 조치의 대상이 되나, 모든 공표 조치 대상자들이 과태료를 1천만 원 이상 납부해야 하는 것은 아니다. 과태료 금액에 의한 공표 대상자 이외에도 공표 대상에 포함될 경우가 있으므로 반드시 1천만 원 이상의 과태료가 공표 대상자에게 부과된다고 볼 수는 없다. ①번은 행정처분의 종류를 처분 강도에 따라 구분하였으며, 이에 따라 가장 무거운 조치가 공표인 것으로 판단할 수 있다.

51 ②

철도시설(부지 포함)〈철도산업발전기본법 제3조 제2호〉
㉠ 철도의 선로(선로에 부대되는 시설 포함), 역시설 (물류시설·환승시설 및 편의시설 등을 포함) 및 철도운영을 위한 건축물·건축설비
㉡ 선로 및 철도차량을 보수·정비하기 위한 선로보 수기지, 차량정비기지 및 차량유치시설
㉢ 철도의 전철전력설비, 정보통신설비, 신호 및 열 차제어설비
㉣ 철도노선간 또는 다른 교통수단과의 연계운영에 필요한 시설
㉤ 철도기술의 개발·시험 및 연구를 위한 시설
㉥ 철도경영연수 및 철도전문인력의 교육훈련을 위한 시설
㉦ 그 밖에 철도의 건설·유지보수 및 운영을 위한 시설로서 대통령령으로 정하는 시설

52 ②

철도협회의 업무〈철도산업발전기본법 제13조의2 제4항〉
㉠ 정책 및 기술개발의 지원
㉡ 정보의 관리 및 공동활용 지원
㉢ 전문인력의 양성 지원
㉣ 해외철도 진출을 위한 현지조사 및 지원
㉤ 조사·연구 및 간행물의 발간
㉥ 국가 또는 지방자치단체 위탁사업
㉦ 그 밖에 정관으로 정하는 업무

53 ②

철도의 관리청은 국토교통부장관으로 한다〈철도산업 발전기본법 제19조 제1항〉.

54 ④

보상계약에 포함되어야 할 사항〈철도산업발전기본법 제 33조 제2항〉
㉠ 철도운영자가 제공하는 철도서비스의 기준과 내용 에 관한 사항
㉡ 공익서비스 제공과 관련하여 원인제공자가 부담하 여야 하는 보상내용 및 보상방법 등에 관한 사항
㉢ 계약기간 및 계약기간의 수정·갱신과 계약의 해 지에 관한 사항
㉣ 그 밖에 원인제공자와 철도운영자가 필요하다고 합의하는 사항

55 ②

공사는 사장이 선임한 대리·대행인을 해임한 경우에 는 해임 후 2주일 이내에 주된 사무소의 소재지에서 그 해임한 뜻을 등기해야 한다〈한국철도공사법 시행 령 제6조 제2항〉.

56 ③

①④ 공사는 국유재산을 전대하려면 미리 국토교통부 장관의 승인을 받아야 한다. 이를 변경하려는 경 우에도 또한 같다〈한국철도공사법 제15조 제2항〉.
②⑤ 전대를 받은 자는 해당 재산에 건물이나 그 밖 의 영구시설물을 축조하지 못한다. 다만, 국토교 통부장관이 행정 목적 또는 공사의 사업 수행에 필요하다고 인정하는 시설물의 축조는 그러하지 아니하다〈한국철도공사법 제15조 제4항〉.

57 ③

국토교통부장관은 사업용철도노선의 노선번호, 노선명, 기점(起點), 종점(終點), 중요 경과지(정차역을 포함한다)와 그 밖에 필요한 사항을 국토교통부령으로 정하는 바에 따라 지정·고시하여야 한다〈철도사업법 제4조 제1항〉.

58 ⑤

철도사업자는 열차를 이용하는 여객이 정당한 운임·요금을 지급하지 아니하고 열차를 이용한 경우에는 부가운임을 징수할 수 있다〈철도사업법 제10조 제1항〉.

59 ②

면허취소 또는 사업정지 등의 처분대상이 되는 사상자 수〈철도사업법 시행령 제8조〉 … 1회 철도사고로 사망자 5명 이상이 발생하게 된 경우를 말한다.

60 ②

국토교통부장관은 국가가 재정을 지원한 민자철도의 건설 및 유지·관리 현황에 관한 보고서를 작성하여 매년 5월 31일까지 국회 소관 상임위원회에 제출하여야 한다〈철도사업법 제25조의6 제1항〉.

1 ④

④ 새로운 기틀을 마련하다.

① 닫히거나 잠긴 것을 트거나 벗기다.

② 사업이나 경영 따위의 운영을 시작하다.

③ 모임이나 회의 따위를 시작하다.

⑤ 자기의 마음을 다른 사람에게 터놓거나 다른 사람의 마음을 받아들이다.

2 ⑤

- ㉠의 앞 문장에서 '군주제와 귀족제는 대의제도에 부합하는…'라고 하고, ㉠의 뒤 문장에서 '민주제에서는 대의 제도가 실현되기 어렵다'라고 하여 앞, 뒤의 내용이 반대되는 내용이다. 따라서 ㉠은 '그러나'가 적절하다.

- ㉡의 앞 문장은 '통치자의 수가 적을수록 … 그 국가의 정부는 공화정에 접근할 수 있다'이고, ㉡의 뒤 문장에서 '점진적 개혁에 의해 공화정에 근접할 것으로 기대할 수도 있다'라고 하여 병렬적으로 문장이 구성되었다. 따라서 ㉡은 '그리고'가 적절하다.

3 ①

① **침강(沈降)** : 밑으로 가라앉음

② **침식(侵蝕)** : 외부의 영향으로 세력이나 범위 따위가 점점 줄어듦

③ **침체(沈滯)** : 어떤 현상이나 사물이 진전하지 못하고 제자리에 머무름

④ **침범(侵犯)** : 남의 영토나 권리, 재산, 신분 따위를 침노하여 범하거나 해를 끼침

⑤ **침해(侵害)** : 침범하여 해를 끼침

4 ②

신호전자사업소장으로부터 통신설비가 중단되어야 하는 작업계획을 보고 받으면 해당 작업이 열차의 안전 운행에 지장이 없는지를 확인해야 하고, 지장이 있다고 판단될 경우 해당 작업의 취소를 지시하여야 한다.

5 ⑤

(가), (나), (다)는 설화 속에서 다양한 성격으로 등장하는 호랑이 모습을 예를 들어 설명하고 있다.

① 분석 ② 과정 ③ 정의 ④ 인과

6 ③

㉢은 3년간 축제 참여 현황을 통해 나타난 사실에 대한 언급이다. 나머지 ㉠, ㉡, ㉣ ㉤은 화자의 생각이자 예측으로, 사실이 아닌 의견으로 구분할 수 있다.

7 ⑤

빅데이터는 데이터의 양이 매우 많을 뿐 아니라 데이터의 복잡성이 매우 높다. 데이터의 복잡성이 높으면 다양한 파생 정보를 끌어낼 수 있다. 즉, 빅데이터에서는 파생 정보를 얻을 수 있다.

8 ⑤

두 번째 문장에서 역사기는 사실로부터 사실(史實)을 추출할 뿐 의미를 드러내는 것은 금물로 여겼다고 언급하고 있다. 또한 빈칸의 앞에서 '~인정하지만'으로 이어지고 있으므로 빈칸 뒤에는 그와 반대되는 내용이 와야 한다. 따라서 ⑤가 가장 적절하다.

9 ④

④ 세 번째 문단을 보면 객관적인 성취의 크기로 보자면 은메달 수상자가 동메달 수상자보다 더 큰 성취를 이룬 것이 분명하나, 은메달 수상자와 동메달 수상자가 주관적으로 경험한 성취의 크기는 이와 반대로 나왔다고 언급하고 있다. 따라서 주관적으로 경험한 성취의 크기는 동메달 수상자가 은메달 수상자보다 더 큰 것을 알 수 있다.

10 ①

마지막 문단에서 공간 정보 활용 범위의 확대 사례 사례로 여행지와 관련한 공간 정보 활용과 도시 계획 수립을 위한 공간 정보 활용, 자연재해 예측 시스템에서의 공간 정보 활용 등을 제시하여 내용을 타당성 있게 뒷받침하고 있다.

11 ②

'기억의 장소'의 구체적 사례에 대해서는 언급되지 않았다.
①③⑤ 두 번째 문단에서 언급하였다.
④ 네 번째 문단에서 언급하였다.

12 ③

③ 정밀인점검사는 설치 후 15년이 도래하거나 결함 원인이 불명확한 경우, 중대한 사고가 발생하거나 또는 그 밖에 행정안전부장관이 정한 경우에 실시한다. 에스컬레이터에 쓰레기가 끼이는 단순한 사고가 발생하여 수리한 경우에는 수시검사를 시행하는 것이 적절하다.

13 ⑤

⑤ 쇼핑카트나 유모차, 자전거 등을 가지고 층간 이동을 쉽게 할 수 있도록 승강기를 설치하는 경우에는 계단형의 디딤판을 동력으로 오르내리게 한 에스컬레이터보다 평면의 디딤판을 동력으로 이동시키게 한 무빙워크가 더 적합하다.

14 ②

㈎ 사물은 이쪽에서 보면 모두가 저것, 저쪽에서 보면 모두가 이것이다 → ㈏ 그러므로 저것은 이것에서 생겨나고, 이것 또한 저것에서 비롯되는데 이것과 저것은 혜시가 말하는 방생의 설이다 → ㈑그러나 혜시도 말하듯이 '삶과 죽음', '된다와 안 된다', '옳다와 옳지 않다'처럼 상대적이다 → ㈐그래서 성인은 상대적인 방법이 아닌 절대적인 자연의 조명에 비추어 커다란 긍정에 의존한다.

15 ①

① 기한은 효과의 발생이나 소멸이 장래에 확실히 발생할 사실에 의존하도록 하는 것이다. 승소하면 그때 수강료를 내겠다고 할 때 승소는 장래에 일어날 수도 있는 사실에 의존하도록 하는 것으로 수강료 지급 의무에 대한 조건이다.

16 ④

④ 석주명은 나비를 지칭하는 일본어 이름만 있고 우리말 이름이 없는 우리나라 나비 200여 종에 대해 우리말 이름을 직접 짓거나 정리했다. 이는 일본의 연구 성과를 이어받은 것이 아니다.

17 ④

① 애벌랜치 광다이오드의 흡수층에서 생성된 전자와 양공은 각각 양의 전극과 음의 전극으로 이동하며, 이 과정에서 전자는 애벌랜치 영역을 지나게 된다.

② 저마늄은 800~1,600nm 파장 대역의 빛을 검출하는 것이 가능하다.

③⑤ 애벌랜치 광다이오드는 약한 광신호를 측정이 가능한 크기의 전기 신호로 변환해 주는 반도체 소자로서, 충돌 이온화를 반복적으로 일으킴으로써 전자의 수를 크게 늘린다.

18 ③

③ 양자 효율은 흡수층에 입사되는 광자 수 대비 생성되는 전자 – 양공 쌍의 개수이다.

19 ②

② 일반버스와 굴절버스 간의 운송항목 비용 중 비용 차이가 가장 큰 항목은 차량 감가상각비이다.

20 ④

④ 2010년에 비해 2020년에 대리의 수가 늘어난 출신 지역은 A시, B시, D시 3곳이고, 대리의 수가 줄어든 출신 지역은 C시, F시, G시, H시 4곳이다.

21 ①

ⓒ 지역난방을 사용하는 가구 수의 비율은 A시가 B시의 2배 이하이다.

ⓔ C시가 D시보다 지역난방을 사용하는 비율이 높다.

22 ③

① 2022년과 2023년의 흡연율은 전년에 비해 감소하였다.

② 2017년, 2020년, 2021년만 7배 이상이다.

④ ㈀에 들어갈 수치는 56.3이다.

⑤ 매년 단기 금연계획률은 장기 금연계획률보다 적다.

23 ④

④ 2002년 전년대비 늘어난 연도말 부채잔액은 14,398 − 12,430 = 1,968이고, 전년대비 줄어든 연간 차입액은 4,290 − 3,847 = 443으로 5배를 넘지 않는다.

24 ④

BBB등급 기준보증료율인 1.4%에서 지방기술사업과 벤처기업 중 감면율이 큰 자방기술사업을 적용하면 A회사의 보증료율은 1.1%이다. 보증료의 계산은 보증금액 × 보증료율 × 보증기간/365이므로, 보증료는 5억 원 × 1.1% × 365/365 = 5,500천 원이다.

25 ①

갑, 을, 병 3개 회사가 보증금액(신규)과 보증기간이 동일하므로 보증료율이 높은 순서대로 정렬하면 된다.

• 갑   보증료율 : 1.4%(BBB등급) − 0.3%p(감면율이 큰 국가유공자기업 적용) + 0.3%p(고액보증기업 나 + 장기이용기업 가) = 1.4%

- 을 보증료율 : 1.5%(B등급) − 0.2%(벤처 · 이노비즈기업 중복적용 안 됨) + 0.0%p(장기이용기업 다에 해당하지만 경영개선지원기업으로 가산요율 적용 안 함) = 1.3%
- 병 보증료율 : 1.5%(B등급) − 0.3%p(감면율이 큰 장애인기업 적용) + 0.0%p(가산사유 해당 없음) = 1.2%

따라서 보증료율이 높은 순서인 갑 − 을 − 병 순으로 보증료가 높다.

26 ④

최종 선발 인원이 500명인데 사회적 약자 집단이 3% 포함되어 있으므로 500 × 0.03 = 15명이 별도로 뽑힌 사회적 약자 집단이 된다. 따라서 485명이 4차 최종 면접을 통과한 인원이 된다.

4차 면접 통과 인원이 485명이 되기 위해서는 3차 인적성검사에서 485 × 1.5 = 728명이 뽑힌다.

2차 필기시험에서는 728 × 3 = 2,184명이, 1차 서류전형에서는 2,184 × 3 = 6,552명이 선발되었음을 알 수 있다. 1차 서류전형 통과 인원인 6,552명은 총 응시자의 45%에 해당하는 수치이므로, 총 응시자 수는 6,552 ÷ 0.45 = 14,560명이 된다.

27 ②

2개의 생산라인을 하루 종일 가동하여 3일간 525개의 레일을 생산하므로 하루에 2개 생산라인에서 생산되는 레일의 개수는 525 ÷ 3 = 175개가 된다. 이때, A라인만을 가동하여 생산할 수 있는 레일의 개수가 90개/일이므로 B라인의 하루 생산 개수는 175 − 90 = 85개가 된다.

따라서 A라인 5일, B라인 2일, A + B라인 2일의 생산 결과를 계산하면, 생산한 총 레일의 개수는 (90 × 5) + (85 × 2) + (175 × 2) = 450 + 170 + 350 = 970개가 된다.

28 ⑤

① 김유진 : 3억 5천만 원 × 0.9% = 315만 원
② 이영희 : 12억 원 × 0.9% = 1,080만 원
③ 심현우 : 1,170만 원 + (32억 8천만 원 − 15억 원) × 0.6% = 2,238만 원
④ 이동훈 : 18억 1천만 원 × 0.9% = 1,629만 원
⑤ 김원근 : 2,670만 원 + (3억 원 × 0.5%) = 2,820만 원

29 ③

㉠ 1804년 가구당 인구수는 $\frac{68,930}{8,670}$ = 약 7.95이고, 1867년 가구당 인구수는 $\frac{144,140}{27,360}$ = 약 5.26이므로 1804년 대비 1867년의 가구당 인구수는 감소하였다.

㉡ 1765년 상민가구 수는 7,210 × 0.57 = 4109.7이고, 1804년 양반가구 수는 8,670 × 0.53 = 4595.1로, 1765년 상민가구 수는 1804년 양반가구 수보다 적다.

㉢ 1804년의 노비가구 수는 8,670 × 0.01 = 86.7로 1765년의 노비가구 수인 7,210 × 0.02 = 144.2보다 적고, 1867년의 노비가구 수인 27,360 × 0.005 = 136.8보다도 적다.

㉣ 1729년 대비 1765년에 상민가구 구성비는 59.0%에서 57.0%로 감소하였고, 상민가구 수는 1,480 × 0.59 = 873.2에서 7,210 × 0.57 = 4109.7로 증가하였다.

30 ①

빈칸 중 추론이 가능한 부분을 채우면 다음과 같다.

과목\사원	A	B	C	D	E	평균
김영희	(16)	14	13	15	(　)	(　)
이민수	12	14	(15)	10	14	13.0
박수민	10	12	9	(10)	18	11.8
최은경	14	14	(15)	17	(　)	(　)
정철민	(18)	20	19	17	19	18.6
신상욱	10	(13)	16	(15)	16	(14)
계	80	(87)	(87)	84	(　)	(　)
평균	($\frac{80}{6}$)	14.5	14.5	(14)	(　)	(　)

① 김영희 사원의 성취수준은 E항목 평가 점수가 17점 이상이면 평균이 15점 이상으로 '우수수준'이 될 수 있다.

② 최은경 사원의 성취수준은 E항목 시험 점수가 0점이라고 해도 평균 12점으로 '보통수준'이다. 따라서 '기초수준'이 될 수 없다.

③ 신상욱 사원의 평가 점수는 B항목은 13점, D항목은 15점, 평균 14점으로 성취수준은 '보통수준'이다.

④ 이민수 사원의 C항목 평가 점수는 15점으로, 정철민 사원의 A항목 평가 점수는 18점보다 낮다.

⑤ 박수민 사원의 D항목 평가 점수는 10점으로 신상욱 사원의 평균 14점보다 낮다.

31 ③

1명의 투표권자가 후보자에게 줄 수 있는 점수는 1순위 5점, 2순위 3점으로 총 8점이다. 현재 투표까지 중간집계 점수가 640이므로 80명이 투표에 참여하였으며, 아직 투표에 참여하지 않은 사원은 120−80=40명이다. 따라서 신입사원 A는 40명의 사원에게 문자를 보내야 한다.

32 ①

① 점유 형태가 무상인 경우의 미달가구 비율은 시설기준 면에서 전세가 더 낮음을 알 수 있다.

② 각각 60.8%, 28.0%, 11.2%이다.

③ 15.5%와 9.1%로 가장 낮은 비율을 보이고 있다.

④ 33.4%로 45.6%보다 더 낮다.

⑤ 가구 수가 동일하다면 수도권의 최저주거기준 미달가구는 51.7%이고 광역시와 도지역의 미달가구는 48.3%이므로 수도권이 나머지 지역의 합보다 많다.

33 ③

모두 100%의 가구를 비교 대상으로 하고 있으므로 백분율을 직접 비교할 수 있다.

- 광역시의 시설기준 미달가구 비율 대비 수도권의 시설기준 미달가구 비율의 배수는 37.9 ÷ 22.9 = 1.66배가 된다.
- 저소득층의 침실기준 미달가구 비율 대비 중소득층의 침실기준 미달가구 비율의 배수는 위와 같은 방식으로 45.6 ÷ 33.4 = 1.37배가 된다.

34 ③

③ 9~12시 사이에 출국장 1/2를 이용한 사람 수는 2,176명으로 이날 오전 출국장 1/2를 이용한 사람 수의 50% 이하이다.

35 ⑤

2023년 7월 甲의 월급은 기본급 300만 원에 다음의 수당을 합한 급액이 된다.

- 정근수당 : 3,000,000 × 50% = 1,500,000원
- 명절휴가비 : 해당 없음
- 가계지원비 : 3,000,000 × 40% = 1,200,000원
- 정액급식비 : 130,000원
- 교통보조비 : 200,000원

따라서   3,000,000 + 1,500,000 + 1,200,000 + 130,000 + 200,000 = 6,030,000원이다.

36 ②

- 명제 1을 벤다이어그램으로 나타내면 전체 집합 U는 '등산을 좋아하는 사람'이 되고, 그 중 낚시를 좋아하는 사람을 표시할 수 있다.

- 명제 2를 벤다이어그램으로 나타내면 다음과 같다.

- 이 두 명제를 결합하여 벤다이어그램으로 나타내면 다음과 같다.

- 등산을 좋아하는 사람 중 등산과 낚시를 둘 다 좋아하는 사람과 등산만 좋아하는 사람은 골프를 좋아하지 않으므로 결론 A는 옳지 않다.
- 낚시를 좋아하는 사람은 모두 등산을 좋아하는 사람이므로 결론 B는 옳다.

37 ①

첫 번째와 두 번째 소선을 정리해 보면, 세 사람은 모두 각기 다른 건물에 연구실이 있으며, 오늘 갔던 서점도 서로 겹치지 않는 건물에 있다.

세 번째 조건에서 최 교수와 김 교수는 오늘 문학관 서점에 가지 않았다고 하였으므로 정 교수가 문학관 서점에 간 것을 알 수 있다. 즉, 정 교수는 홍보관에 연구실이 있고 문학관 서점에 갔다.

네 번째 조건에서 김 교수는 정 교수가 오늘 갔던 서점이 있는 건물에 연구실이 있다고 하였으므로 김 교수의 연구실은 문학관에 있고, 따라서 최 교수는 경영관에 연구실이 있다.

두 번째 조건에서 자신의 연구실이 있는 건물이 아닌 다른 건물에 있는 서점에 갔었다고 했으므로, 김 교수가 경영관 서점을 갔고 최 교수가 홍보관 서점을 간 것이 된다. 이를 표로 나타내면 다음과 같다.

교수	정 교수	김 교수	최 교수
연구실	홍보관	문학관	경영관
서점	문학관	경영관	홍보관

38 ④

네 번째 조건에서 수요일에 9대가 생산되었으므로 목요일에 생산된 공작기계는 8대가 된다.

월요일	화요일	수요일	목요일	금요일	토요일
		9대	8대		

첫 번째 조건에 따라 금요일에 생산된 공작기계 수는 화요일에 생산된 공작기계 수의 2배가 되는데, 두 번째 조건에서 요일별로 생산한 공작기계의 대수가 모두 달랐다고 하였으므로 금요일에 생산된 공작기계의 수는 6대, 4대, 2대의 세 가지 중 하나가 될 수 있다. 그런데 금요일의 생산 대수가 6대일 경우, 세 번째 조건에 따라 목~토요일의 합계 수량이 15대가 되어야 하므로 토요일은 1대를 생산한 것이 된다. 그러나

토요일에 1대를 생산하였다면 다섯 번째 조건인 월요일과 토요일에 생산된 공작기계의 합이 10대를 넘지 않는다(∵ 하루 최대 생산 대수는 9대이고 요일별로 생산한 공작기계의 대수가 모두 다른 상황에서 수요일에 이미 9대를 생산하였으므로).

금요일에 4대를 생산하였을 경우에도 토요일의 생산 대수가 3대가 되므로 다섯 번째 조건에 따라 월요일은 7대보다 많은 수량을 생산한 것이 되어야 하므로 이 역시 성립할 수 없다.

즉, 세 가지 경우 중 금요일에 2대를 생산한 경우만 성립하며 화요일에는 1대, 토요일에는 5대를 생산한 것이 된다.

월요일	화요일	수요일	목요일	금요일	토요일
	1대	9대	8대	2대	5대

따라서 월요일에 생산 가능한 공작기계 대수는 6대 또는 7대가 되므로 둘의 합은 13이다.

39 ②

㈎ 충전시간 당 통화시간은 A모델 6.8H > D모델 5.9H > B모델 4.8H > C모델 4.0H 순이다. 음악재생시간은 D모델 > A모델 > C모델 > B모델 순으로 그 순위가 다르다. (X)

㈏ 충전시간 당 통화시간이 5시간 이상인 것은 A모델 6.8H과 D모델 5.9H이다. (O)

㈐ 통화 1시간을 감소하여 음악재생 30분의 증가 효과가 있다는 것은 음악재생에 더 많은 배터리가 사용된다는 것을 의미하므로 A모델은 음악재생에, C모델은 통화에 더 많은 배터리가 사용된다. (X)

㈑ B모델은 통화시간 1시간 감소 시 음악재생시간 30분이 증가한다. 현행 12시간에서 10시간으로 통화시간을 2시간 감소시키면 음악재생시간이 1시간 증가하여 15시간이 되므로 C모델과 동일하게 된다. (O)

40 ③

두 개의 제품 모두 무게가 42g 이하여야 하므로 B모델은 제외된다. K씨는 충전시간이 짧고 통화시간이 길어야 한다는 조건만 제시되어 있으므로 나머지 세 모델 중 A모델이 가장 적절하다.

친구에게 선물할 제품은 통화시간이 16시간이어야 하므로 통화시간을 더 늘릴 수 없는 A모델은 제외되어야 한다. 나머지 C모델, D모델은 모두 음악재생시간을 조절하여 통화시간을 16시간으로 늘릴 수 있으며 이때 음악재생시간 감소는 C, D모델이 각각 8시간(통화시간 4시간 증가)과 6시간(통화시간 3시간 증가)이 된다. 따라서 두 모델의 음악재생 가능시간은 15 − 8 = 7시간, 18 − 6 = 12시간이 된다. 그런데 일주일 1회 충전하여 매일 1시간씩의 음악을 들을 수 있으면 된다고 하였으므로 7시간 이상의 음악재생시간이 필요하지는 않으며, 7시간만 충족될 경우 고감도 스피커 제품이 더 낫다고 요청하고 있다. 따라서 D모델보다 C모델이 더 적절하다는 것을 알 수 있다.

41 ④

반려동물을 데리고 승강기에 탑승할 경우 반드시 안고 탑승해야 하며, 타인에게 공포감을 주지 말아야 한다는 규정은 있으나, 승강기 이용이 제한되거나 반드시 계단을 이용해야만 하는 것은 아니므로 잘못된 안내 사항이다.

42 ④

④ 건설비용 추가 발생 우려는 K공사의 위협 요인 (T)이며, 인근 지역의 개발 기회를 통해 이러한 비용 부분이 만회(S)될 수 있다는 것이므로 ST전략이다.
① 자사의 우수한 기술력(S) + 경쟁 극복(T)→ST전략
② 연락사무소 설치(W) + 경쟁업체 동향 파악(T)으로 약점 최소화→WT전략
③ 현지 근로인력 이용(O) + 우수 기술 교육 및 전수(S)→SO전략
⑤ 사고 경험(W) + 우수 사례로 경쟁 극복(T)하여 위협 제거 및 약점 최소화→WT전략

43 ⑤

㉠ a = b = c = d = 25라면, 1시간당 수송해야 하는 관객의 수는 40,000 × 0.25 = 10,000명이다. 버스는 한 번에 대당 최대 40명의 관객을 수송하고 1시간에 10번 수송 가능하므로, 1시간 동안 1대의 버스가 수송할 수 있는 관객의 수는 400명이다. 따라서 10,000명의 관객을 수송하기 위해서는 최소 25대의 버스가 필요하다.
㉡ d = 40이라면, 공연 시작 1시간 전에 기차역에 도착하는 관객의 수는 16,000명이다. 16,000명을 1시간 동안 모두 수송하기 위해서는 최소 40대의 버스가 필요하다.
㉢ 공연이 끝난 후 2시간 이내에 전체 관객을 공연장에서 기차역까지 수송하려면 시간당 20,000명의 관객을 수송해야 한다. 따라서 회사에게 필요한 버스는 최소 50대이다.

44 ③

위 글에 나타난 문제점은 전원이 갑자기 꺼지는 현상이다. 따라서 ③ 취침 예약이 되어있는지 확인하는 것이 적절하다.

45 ①

①은 위 매뉴얼에 나타나있지 않다.

46 ④

단식을 하는 날 전후로 각각 최소 2일간은 정상적으로 세 끼 식사를 하므로 2주차 월요일에 단식을 하면 전 주 토요일과 일요일은 반드시 정상적으로 세 끼 식사를 해야 한다. 이를 바탕으로 조건에 따라 김 과장의 첫 주 월요일부터 일요일까지의 식사를 정리하면 다음과 같다.

월	화	수	목	금	토	일
○		○	○	○	○	○
○		○	○		○	○
○	○	○	○		○	○

47 ⑤

⑤ 7월 23일(일)에 포항에서 출발하여 울릉도에 도착한 김 대리는 24일(월) 오후 6시에 호박엿 만들기 체험을 하고, 25일(화) 오전 8시에 울릉도→독도→울릉도 선박에 탑승할 수 있으며 26일(수) 오후 3시에 울릉도에서 포항으로 돌아올 수 있다.
① 16일(일)에 출발하여 19일(수)에 돌아왔다면 매주 화요일과 목요일에 출발하는 울릉도→독도→울릉도 선박에 탑승할 수 없다(18일 화요일 최대 파고 3.2).
② 매주 금요일에 술을 마시는 김 대리는 술을 마신 다음날인 22일(토)에는 멀미가 심해서 돌아오는 선박을 탈 수 없다.
③ 20일(목)에 포항에서 울릉도로 출발하면 오후 1시에 도착하는데, 그러면 오전 8시에 출발하는 울릉도→독도→울릉도 선박에 탑승할 수 없다.
④ 21일(금)과 24일(월)은 모두 파고가 3m 이상인 날로 모든 노선의 선박이 운항되지 않는다.

48 ③

평가 기준에 따라 점수를 매기면 다음과 같다.

음식점＼항목	종류	이동 거리	가격	맛 평점	예약	총점
A식당	2	4	5	1	1	13
B식당	3	3	4	2	1	13
C식당	4	5	1	4	1	15
D식당	5	1	3	5	－	14
E식당	3	2	2	3	1	11

따라서 K철도공사의 신년회 장소는 C식당이다.

49 ④

한주가 수도인 나라는 평주가 수도인 나라의 바로 전 시기에 있었고, 금주가 수도인 나라는 관주가 수도인 나라 바로 다음 시기에 있었으나 정보다는 이전 시기에 있었으므로 수도는 관주 > 금주 > 한주 > 평주 순임을 알 수 있다. 병은 가장 먼저 있었던 나라는 아니지만, 갑보다 이전 시기에 있었으므로 두 번째나 세 번째가 되는데, 병과 정이 시대 순으로 볼 때 연이어 존재하지 않았으므로 을 > 병 > 갑 > 정이 되어야 한다. 따라서 나라와 수도를 연결해 보면, 을 - 관주, 병 - 금주, 갑 - 한주, 정 - 평주가 되며 [이야기 내용]과 일치하는 것은 3, 5, 6이다.

50 ④

2023년 기준 최근 실시한 임기만료에 의한 국회의원 선거의 선거권자 총수는 3천만 명이고 보조금 계상 단가는 1,030원(2022년 1,000원＋30원)이므로 309억 원을 지급하여야 하는데, 5월 대통령선거와 8월 동시지방선거가 있으므로 각각 309억 원씩을 더하여 총 927억 원을 지급해야 한다.

>>> 철도관련법령

51 ④

철도운영〈철도산업발전기본법 제3조 제3호〉
㉠ 철도 여객 및 화물 운송
㉡ 철도차량의 정비 및 열차의 운행관리
㉢ 철도시설·철도차량 및 철도부지 등을 활용한 부대사업개발 및 서비스

52 ④

④ 국가는 객관적이고 공정한 철도사고조사를 추진하기 위한 전담기구와 전문 인력을 확보하여야 한다〈철도산업발전기본법 제14조 제4항〉.

53 ③

국토교통부장관이 철도청장으로부터 위탁 받은 자산을 위탁이나 사용·수익하게 할 수 있는 기관〈철도산업발전기본법 제23조 제4항〉
㉠ 국가철도공단
㉠ 철도공사
㉢ 관련 기관 및 단체
㉣ 민법에 의해 설립된 비영리법인
㉤ 상법에 의해 설립된 주식회사
※ 국토교통부장관이 철도청장으로부터 이관 받을 수 있는 자산〈철도산업발전기본법 제23조 제4항〉
　㉠ 철도청의 시설자산(건설 중인 시설자산은 제외한다)
　㉡ 철도청의 기타자산

54 ①

국토교통부장관의 승인을 얻어 특정노선 및 역의 폐지와 관련 철도서비스의 제한 또는 중지 등 필요한 조치를 취할 수 있는 경우〈철도산업발전기본법 제34조 제1항〉
㉠ 승인신청자가 철도서비스를 제공하고 있는 노선 또는 역에 대하여 철도의 경영개선을 위한 적절한 조치를 취하였음에도 불구하고 수지균형의 확보가 극히 곤란하여 경영상 어려움이 발생한 경우
㉡ 보상계약체결에도 불구하고 공익서비스비용에 대한 적정한 보상이 이루어지지 아니한 경우
㉢ 원인제공자가 공익서비스비용을 부담하지 아니한 경우
㉣ 원인제공자가 위원회의 조정에 따르지 아니한 경우

55 ①

역 시설 개발 및 운영사업으로서 대통령령으로 정하는 사업〈한국철도공사법 시행령 제7조의2 제2항〉
㉠ 철도운영이나 철도와 다른 교통수단과의 연계운송을 위한 시설
㉡ 환승시설
㉢ 역사와 같은 건물 안에 있는 시설로서 건축물 중 제1종 근린생활시설, 제2종 근린생활시설, 문화 및 집회시설, 판매시설, 운수시설, 의료시설, 운동시설, 업무시설, 숙박시설, 창고시설, 자동차관련시설, 관광휴게시설과 그 밖에 철도이용객의 편의를 증진하기 위한 시설

56 ⑤

국토교통부장관의 지도·감독을 받아야 하는 공사의 업무〈한국철도공사법 제16조〉
㉠ 연도별 사업계획 및 예산에 관한 사항
㉡ 철도서비스 품질 개선에 관한 사항
㉢ 철도사업계획의 이행에 관한 사항
㉣ 철도시설·철도차량·열차운행 등 철도의 안전을 확보하기 위한 사항
㉤ 그 밖에 다른 법령에서 정하는 사항

57 ①

국토교통부장관은 철도 운임 상한의 산정, 철도차량의 효율적인 관리 등을 위하여 철도차량을 국토교통부령으로 정하는 운행속도에 따라 구분하여 분류할 수 있다〈철도사업법 제4조의2〉.

58 ⑤

철도사업자는 열차를 이용하는 여객이 정당한 운임·요금을 지급하지 아니하고 열차를 이용한 경우에는 승차 구간에 해당하는 운임 외에 그의 30배의 범위에서 부가운임을 징수할 수 있다〈철도사업법 제10조 제1항〉.

59 ④

국토교통부장관이 철도사업자에게 사업정지처분을 하여야 하는 경우로서 그 사업정지처분이 그 철도사업자가 제공하는 철도서비스의 이용자에게 심한 불편을 주거나 그 밖에 공익을 해칠 우려가 있을 때에는 그 사업정지처분을 갈음하여 1억 원 이하의 과징금을 부과·징수할 수 있다〈철도사업법 제17조 제1항〉.

60 ①

철도서비스의 품질평가결과 시 포함해야 할 사항〈철도사업법 시행령 제11조 제1항〉
㉠ 평가지표별 평가결과
㉡ 철도서비스의 품질 향상도
㉢ 철도사업자별 평가순위
㉣ 그 밖에 철도서비스에 대한 품질평가결과 국토교통부장관이 공표가 필요하다고 인정하는 사항

1 ②
① 필요할 때는 쓰고 필요 없을 때는 야박하게 버리는 경우를 이르는 말
③ 원수를 갚거나 마음먹은 일을 이루기 위하여 온갖 어려움과 괴로움을 참고 견딤
④ 공적인 일을 먼저 하고 사사로운 일은 뒤로 미룸
⑤ 고국의 멸망을 한탄함을 이르는 말

2 ①
② 위력이나 위엄으로 세력이나 기세 따위를 억눌러서 통제함
③ 필요한 것을 사거나 만들거나 하여 갖춤
④ 어떠한 현상을 일으키거나 영향을 미침
⑤ 앞으로 해야 할 일이나 겪을 일에 대한 마음의 준비

3 ③
ⓒ 당시 미국 산림청장은 핀쇼이다.

4 ①
① 값이나 비율 따위가 보통보다 위에 있다.
② 지위나 신분 따위가 보통보다 위에 있다.
③ 온도, 습도, 압력 따위가 기준치보다 위에 있다.
④ 소리가 음계에서 위쪽에 있거나 진동수가 큰 상태에 있다.
⑤ 기세 따위가 힘차고 대단한 상태에 있다.

5 ②
'저지르다'의 유의어는 '범하다'이다.
• 저지르다 : 죄를 짓거나 잘못이 생겨나게 행동하다.
• 범하다 : 법률, 도덕, 규칙 따위를 어기다.

6 ④
④ ㄹ의 앞 문장은 '동전 던지기 횟수를 늘렸을 때 확률이 어떻게 변하는지 보려면 그저 계속 곱하기만 하면 된다.'고 하였고, ㄹ의 뒤 문장은 '결과는 1/64'라고 하였다. 따라서 보기의 '1/2을 여섯 번 곱하면 된다'는 ㄹ에 들어가야 자연스럽다.

7 ⑤
⑤ 무슨 일이나 장래의 안목을 생각해서 미리 준비를 해야 한다는 말
① 꾸준히 노력을 하면 결국에는 성공할 수 있다는 말
② 정성을 다하면 하늘이 감동을 하여서 도와준다는 말
③ 은혜를 잊지 않고 갚겠다는 것을 이르는 말
④ 하나만 보고 두루 보지 못한다는 것을 이르는 말

8 ①
㉠은 '어떤 일이 생긴다'는 의미이다.

정답 및 해설

9 ③

아리스토텔레스는 모든 자연물이 목적을 추구하는 본성을 타고나며, 외적 원인이 아니라 내재적 본성에 따른 운동을 한다는 목적론을 제시하였다. 아리스토텔레스에 따르면 이러한 본성적 운동의 주체는 단순히 목적을 갖는 데 그치는 것이 아니라 목적을 실현할 능력도 타고난다.

10 ⑤

⑤ 국내 통화량이 증가하여 유지될 경우 장기에는 자국의 물가도 높아져 장기의 환율은 상승한다.

11 ④

①⑤ 소스 부호화는 데이터를 압축하기 위해 기호를 0과 1로 이루어진 부호로 변환하는 과정이다. 오류를 검출하고 정정하기 위하여 부호에 잉여 정보를 추가하는 과정은 채널 부호화이다.
② 송신기에서 부호를 전송하면 채널의 잡음으로 인해 오류가 발생한다.
③ 잉여 정보는 오류를 검출하고 정정하기 위하여 부호에 추가하는 정보이다.

12 ②

② 기호 집합의 평균 정보량을 기호 집합의 엔트로피라고 하는데 모든 기호들이 동일한 발생 확률을 가질 때 그 기호 집합의 엔트로피는 최댓값을 갖는다. 기호들의 발생 확률이 서로 다르므로 평균 정보량이 최댓값을 갖지 않는다.

13 ⑤

⑤ 삼중 반복 부호화는 0을 000으로 부호화하는데, 두 개의 비트에 오류가 있으면 110, 101, 011이 되어 1로 판단하므로 오류는 정정되지 않는다.

14 ④

포퍼는 가설로부터 논리적으로 도출된 예측을 관찰이나 실험 등의 경험을 통해 맞는지 틀리는지 판단함으로써 그 가설을 시험하는 과학적 방법을 제시한다. 콰인은 개별적인 가설뿐만 아니라 기존의 지식들과 여러 조건 등을 모두 포함하는 전체 지식이 경험을 통한 시험의 대상이 된다는 총체주의를 주장한다. 따라서 포퍼와 콰인 모두 '경험을 통하지 않고 가설을 시험할 수 있는가?'라는 질문에 '아니요'라고 답변을 할 것이다.
①②③⑤의 질문에 대해서는 포퍼는 긍정의, 콰인은 부정의 답변을 할 것이다.

15 ①

② 반추 동물이 짧은 시간에 과도한 양의 비섬유소를 섭취하면 급성 반추위 산성증을 유발한다.
③ 반추위 미생물은 산소가 없는 환경에서 왕성하게 생장한다.
④ 반추 동물도 셀룰로스와 같은 섬유소를 분해하는 효소를 합성하지 못한다.
⑤ 사람은 효소를 이용하여 비섬유소를 포도당으로 분해하고 이를 소장에서 흡수하여 에너지원으로 이용한다.

16 ③

③ 희토류와 관련된 우리 삶에 대한 긍정적인 전망은 제시하고 있지 않다.
① 이 발표의 목적은 '희토류가 무엇이고 어떻게 쓰이는지 등에 대해 알려 드리고자 함'이다.
② 산업 분야에서 희토류의 역할을 '산업의 비타민'이라고 비유적 표현으로 제시하였다.
④ 청자의 이해를 돕기 위해 영상 및 표를 효과적으로 제시하고 있다.
⑤ 발표 마지막에서 희토류가 실제로 얼마나 다양하게 활용되고 있는지 관심을 갖고 찾아보길 촉구하고 있다.

17 ②

보고서 작성 개요에 따르면 결론 부분에서 '공공 데이터 활용의 장점을 요약적으로 진술'하고 '공공 데이터가 앱 개발에 미칠 영향 언급'하고자 한다. 따라서 ②의 '공공 데이터는 앱 개발에 필요한 실생활 관련 정보를 담고 있으며 앱 개발 비용의 부담을 줄여 준다(→ 공공 데이터 활용의 장점을 요약적으로 진술). 그러므로 앱 개발 시 공공 데이터 이용이 활성화되면 실생활에 편의를 제공하는 다양한 앱이 개발될 것이다(→ 공공 데이터가 앱 개발에 미칠 영향 언급).'가 결론으로 가장 적절하다.

18 ③

③ 지문 및 얼굴 정보 제공은 17세 이상의 외국인에 해당한다.

19 ④

㉠ A군의 논 면적은 23,042ha로, A군 밭 면적인 12,327ha의 2배 이하이다.

㉡ C시의 논 면적은 31,271−31,246=25ha로, B시 논 면적인 31,585−31,577=8ha보다 크다.
㉢ E시의 밭 면적은 27,285−21,730=5,555ha로 D시 밭 면적인 28,501−23,415=5,086ha보다 크다.
㉣ I시의 밭 면적은 11,047ha로 G시 논 면적의 90%(=17,160.3ha) 이하이다.

20 ②

② 2023년 5월 G항공을 이용하여 甲공항에 도착한 여객 수는 82,409명으로 같은 기간 甲공항에 도착한 전체 여객 수의 $\frac{82,409}{1,971,675}\times100$ = 약 4.2%이다.

21 ④

• 甲 일행
 − 입장료 : 다자녀 가정에 해당하기 때문에 입장료가 면제된다.
 − 야영시설 및 숙박시설 요금 : 5인용 성수기 요금인 85,000원이 적용되어 3박의 요금은 255,000원이다.
 − 총요금 : 0원+255,000원=255,000원
• 乙 일행
 − 입장료 : 동절기에 해당하여 입장료가 면제된다.
 − 야영시설 및 숙박시설 요금 : 비수기이고 일행 중 장애인이 있어 야영시설 요금이 50% 할인된다. 따라서 30,000 × 0.5 × 6=90,000원이다.
 − 총요금 : 0원+90,000원=90,000원
• 丙 일행
 − 입장료 : 1,000 × 10 × 3 = 30,000원
 − 야영시설 및 숙박시설 요금 : 10,000 × 9박=90,000원
 − 총요금 : 30,000+90,000=120,000원
따라서 총요금이 가장 큰 甲 일행의 금액과 가장 작은 乙 일행의 금액 차이는
255,000−90,000=165,000원이다.

22 ⑤

첫 번째는 직계존속으로부터 증여받은 경우로, 10년 이내의 증여재산가액을 합한 금액에서 5,000만 원만 공제하게 된다.

두 번째 역시 직계존속으로부터 증여받은 경우로, 아버지로부터 증여받은 재산가액과 어머니로부터 증여받은 재산가액의 합계액에서 5,000만 원을 공제하게 된다.

세 번째는 직계존속과 기타친족으로부터 증여받은 경우로, 아버지로부터 증여받은 재산가액에서 5,000만 원을, 삼촌으로부터 증여받은 재산가액에서 1,000만 원을 공제하게 된다.

따라서 세 가지 경우의 증여재산 공제액의 합은 5,000 + 5,000 + 6,000 = 1억 6천만 원이 된다.

23 ②

주어진 자료를 근거로, 다음과 같은 계산 과정을 거쳐 증여세액이 산출될 수 있다.

- 증여재산 공제 : 5천만 원
- 과세표준 : 1억 7천만 원 − 5천만 원 = 1억 2천만 원
- 산출세액 : 1억 2천만 원 × 20% − 1천만 원 = 1,400만 원
- 납부할 세액 : 1,302만 원(자진신고 시 산출세액의 7% 공제)

24 ③

③ 본사에서 유럽사무소로의 출장 횟수가 많은 해부터 나열하면 15년, 17년, 18년, 20년, 19년, 21년, 23년, 16년, 22년 순이다.

25 ④

- 전체 연구책임자 중 공학전공의 연구책임자가 차지하는 비율

$$\frac{11,680+463}{19,134+2,339}\times100=\frac{12,143}{21,473}\times100 ≒ 56.6\%$$

- 전체 연구책임자 중 의학전공의 여자 연구책임자가 차지하는 비율

$$\frac{400}{19,134+2,339}\times100=\frac{400}{21,473}\times100 ≒ 1.9\%$$

따라서 전체 연구책임자 중 공학전공의 연구책임자가 차지하는 비율과 전체 연구책임자 중 의학전공의 여자 연구책임자가 차지하는 비율의 차이는

56.6 − 1.9 = 54.7%p이다.

26 ③

③ 전체 기업 수의 약 99%에 해당하는 기업은 중소기업이며, 중소기업의 매출액은 1,804조 원으로 전체 매출액의 약 1,804 ÷ 4,760 × 100 = 약 37.9%를 차지하여 40%를 넘지 않는다.

① 매출액과 영업이익을 각 기업집단의 기업 수와 비교해 보면 계산을 하지 않아도 쉽게 확인할 수 있다.

② 매출액 대비 영업이익률은 영업이익 ÷ 매출액 × 100으로 구할 수 있다. 각각을 구하면 대기업이 177 ÷ 2,285 × 100 = 약 7.7%로 가장 높고, 그 다음이 40 ÷ 671 × 100 = 약 6.0%의 중견기업, 마지막이 73 ÷ 1,804 × 100 = 약 4.0%인 중소기업 순이다.

④ 전체 기업 수의 약 1%에 해당하는 대기업과 중견기업이 전체 영업이익인 290조 원의 약 74.8%(= 217 ÷ 290 × 100)를 차지한다.

⑤ 대기업은 2,047,000 ÷ 2,191 = 약 934명이며, 중견기업은 1,252,000 ÷ 3,969 = 약 315명이므로 3배에 육박한다고 말할 수 있다.

27 ④

- 첫 번째 생산성 조건에 따르면 A생산라인과 B생산라인을 각각 가동할 때, A생산라인은 1시간에 25개(정상 20개), B생산라인은 1시간에 50개(정상 45개)를 만든다.
- 두 번째 생산성 조건에서 두 라인을 동시에 가동하면 시간 당 정상제품 생산량이 각각 20%씩 상승한다고 하였으므로 A생산라인은 시간당 24개, B생산라인은 시간당 54개의 정상제품을 생산한다.
- A생산라인을 먼저 32시간 가동하였을 때 만들어진 정상제품은 $20 \times 32 = 640$개이므로 최종 10,000개의 납품을 맞추려면 9,360개의 정상제품이 더 필요하다.
- 두 생산라인을 모두 가동한 시간을 x라 할 때, 두 생산라인을 모두 가동하여 9,360개를 생산하는 데 걸리는 시간은 $(24 + 54)x = 9,360$이므로 $x = 120$이다.

28 ②

- ⓒ A지역은 여름과 겨울에 전력사용량이 증가하는 것으로 보아 산업용보다 주택용 전력사용량 비중이 높을 것이다.
- ② 공급 능력이 8,000만kW, 최대 전력 수요가 7,200kW라면 공급예비율(=공급 능력－최대 전력 수요)이 10% 이상으로 유지되도록 대책을 마련해야 한다.

29 ①

A~E의 지급 보험금을 산정하면 다음과 같다.

피보험물건	지급 보험금
A	주택, 보험금액 ≥ 보험가액의 80%이므로 손해액 전액 지급 → 6천만 원
B	일반물건, 보험금액 < 보험가액의 80%이므로 손해액 × $\dfrac{보험금액}{보험가액의\ 80\%}$ 지급 → $6,000 \times \dfrac{6,000}{6,400} = 5,625$만 원
C	창고물건, 보험금액 < 보험가액의 80%이므로 손해액 × $\dfrac{보험금액}{보험가액의\ 80\%}$ 지급 → $6,000 \times \dfrac{7,000}{8,000} = 5,250$만 원
D	공장물건, 보험금액 < 보험가액이므로 손해액 × $\dfrac{보험금액}{보험가액}$ 지급 → $6,000 \times \dfrac{9,000}{10,000} = 5,400$만 원
E	동산, 보험금액 < 보험가액이므로 손해액 × $\dfrac{보험금액}{보험가액}$ 지급 → $6,000 \times \dfrac{6,000}{7,000} = $ 약 5,143만 원

따라서 지급 보험금이 많은 것부터 순서대로 나열하면 A － B － D － C － E이다.

30 ④

- ㉠ 2013년에 '갑'이 x원어치의 주식을 매수한 뒤 같은 해에 동일한 가격으로 전량 매도했다고 하면, 주식을 매수할 때의 주식거래 비용은 $0.1949x$원이다. 주식을 매도할 때의 주식거래 비용은 $0.1949x + 0.3x = 0.4949x$원으로 총 주식거래 비용의 합은 $0.6898x$원이다. 이 중 증권사 수수료는 $0.3680x$원으로 총 주식거래 비용의 50%를 넘는다.
- ㉢ C기관의 2023년 수수료율은 0.0008%로 2020년과 동일하다.

31 ④

A~D의 효과성과 효율성을 구하면 다음과 같다.

구분	효과성		효율성	
	산출/목표	효과성 순위	산출/투입	효율성 순위
A	$\dfrac{500}{(가)}$	3	$\dfrac{500}{200+50}=2$	2
B	$\dfrac{1,500}{1,000}=1.5$	2	$\dfrac{1,500}{(나)+200}$	1
C	$\dfrac{3,000}{1,500}=2$	1	$\dfrac{3,000}{1,200+(다)}$	3
D	$\dfrac{(라)}{1,000}$	4	$\dfrac{(라)}{300+500}$	4

• A와 D의 효과성 순위가 B보다 낮으므로 $\dfrac{500}{(가)}$, $\dfrac{(라)}{1,000}$

의 값은 1.5보다 작고 $\dfrac{500}{(가)} > \dfrac{(라)}{1,000}$가 성립한다.

• 효율성 순위가 1순위인 B는 2순위인 A의 값보다 커야 하므로 $\dfrac{1,500}{(나)+200} > 2$이다.

• C와 D의 효율성 순위가 A보다 낮으므로

$\dfrac{3,000}{1,200+(다)}$, $\dfrac{(라)}{300+500}$의 값은 2보다 작고

$\dfrac{3,000}{1,200+(다)} > \dfrac{(라)}{300+500}$가 성립한다.

따라서 이 조건을 모두 만족하는 값을 찾으면 (가), (나), (다), (라)에 들어갈 수 있는 수치는 ④이다.

32 ④

주어진 K국가의 전기요금 체계에 의해 다음과 같이 계산할 수 있다.

• A씨 : 165kwh를 사용하였으므로 200kwh 이하 사용 구간이 되어 기본요금은 910원이 되며, 전력량 요금은 $93.3 \times 165 = 15,394$원이 된다. 따라서 청구금액은 다음과 같다.

$910 + 15,394 - 4,000 = 12,304$원

$12,304 \times$ 부가세 10% $= 1,230$원

$12,304 + 1,230 + 470 = 14,004$원 → 청구금액

• B씨 : 240kwh를 사용하였으므로 201~400kwh 사용 구간이 되어 기본요금은 1,600원이 되며, 전력량 요금은 $(93.3 \times 200) + (187.9 \times 40) = 18,660 + 7,516 = 26,176$원이 된다. 따라서 청구금액은 다음과 같다.

$1,600 + 26,176 = 27,776$원(200kwh를 초과하여 사용한 경우이므로 필수사용량 보장공제는 없다)

$27,776 \times$ 부가세 10% $= 2,777$원

$27,776 + 2,777 + 470 = 31,023$원 → 청구금액

33 ②

주어진 산식을 이용해 각 기업의 금융비용부담률과 이자보상비율을 계산해 보면 다음과 같다.

구분		내용
A기업	영업이익	$98 - 90 - 2 = 6$천만 원
	금융비용부담률	$1.5 \div 98 \times 100 =$ 약 1.53%
	이자보상비율	$6 \div 1.5 \times 100 = 400\%$
B기업	영업이익	$105 - 93 - 3 = 9$천만 원
	금융비용부담률	$1 \div 105 \times 100 =$ 약 0.95%
	이자보상비율	$9 \div 1 \times 100 = 900\%$
C기업	영업이익	$95 - 82 - 3 = 10$천만 원
	금융비용부담률	$2 \div 95 \times 100 =$ 약 2.11%
	이자보상비율	$10 \div 2 \times 100 = 500\%$
D기업	영업이익	$112 - 100 - 5 = 7$천만 원
	금융비용부담률	$2 \div 112 \times 100 =$ 약 1.79%
	이자보상비율	$7 \div 2 \times 100 = 350\%$

따라서 금융비용부담률이 가장 낮은 기업과 이자보상비율이 가장 높은 기업은 모두 B기업임을 알 수 있으며, B기업이 가장 우수한 건전성을 나타낸다고 할 수 있다.

34 ③

차량\노선	1종	2종	3종	4종	5종
A노선	352,993	㉣12,006	14,552	㉤16,985	36,129
B노선	66,536	2,368	3,565	4,042	㉡5,294
C노선	339,916	13,026	16,779	19,044	29,165
D노선	㉠7,776	390	983	533	674
E노선	412,963	16,843	㉢17,068	23,725	23725
합계	1,180,184	44,633	52,947	64,329	94,987

㉠ 7,776 ㉡ 5,294 ㉢ 17,068 ㉣ 12,006 ㉤ 16,985
로 가장 큰 숫자는 ㉢ 17,068이다.

35 ②

② 전 노선을 이용한다면 1종은 1,550이고 2종은 50, 3종은 81, 4종은 110, 5종은 231로 순서대로 1종, 5종, 4종, 3종, 2종 순서이다.

① 통행료가 가장 높은 것은 1종 차량의 A노선에 해당한다. 하지만 노선별 이용차량 대수가 가장 많은 노선은 E노선에 해당한다.

③ D노선은 무료지만 이용차량이 가장 적기 때문에 옳지 않다.

④ 5종차량의 통행료가 가장 저렴하고 이용차량이 적은 것은 D노선에 해당된다.

⑤ C노선을 1종차량 다음으로 가장 많이 이용하는 차량은 5종차량이다. 하지만 가장 저렴한 통행료는 2종차량에 해당한다.

36 ①

제시된 네 개의 명제의 대우명제를 정리하면 다음과 같다.

㉠ 乙 지역이 1급 상수원이면 甲 지역은 1급 상수원이 아니다.

㉡ 乙 지역이 1급 상수원이 아니면 丙 지역도 1급 상수원이 아니다.

㉢ 甲 지역이 1급 상수원이 아니면 丁 지역도 1급 상수원이 아니다.

㉣ 戊 지역이 1급 상수원이면 丙 지역은 1급 상수원이다.

戊 지역이 1급 상수원임을 기준으로 원래의 명제와 대우명제를 함께 정리하면 '戊 지역→丙 지역→乙 지역→~甲 지역→~丁 지역'의 관계가 성립하게 되고, 이것의 대우인 '丁 지역→甲 지역→~乙 지역→~丙 지역→~戊 지역'도 성립한다. 따라서 甲 지역이 1급 상수원이면 丙 지역은 1급 상수원이 아니므로 ①은 거짓이다.

37 ④

이런 유형은 문제에서 제시한 상황, 즉 1명이 당직을 서는 상황을 각각 설정하여 1명만 진실이 되고 3명은 거짓말이 되는 경우를 확인하는 방식의 풀이가 유용하다. 각각의 경우, 다음과 같은 논리가 성립한다.

고 대리가 당직을 선다면, 진실을 말한 사람은 윤 대리와 염 사원이 된다.

윤 대리가 당직을 선다면, 진실을 말한 사람은 고 대리, 염 사원, 서 사원이 된다.

염 사원이 당직을 선다면, 진실을 말한 사람은 윤 대리가 된다.

서 사원이 당직을 선다면, 진실을 말한 사람은 윤 대리와 염 사원이 된다.

따라서 진실을 말한 사람이 1명이 되는 경우는 염 사원이 당직을 서고 윤 대리가 진실을 말하는 경우가 된다.

38 ③

〈보기〉에 주어진 조건대로 고정된 순서를 정리하면 다음과 같다.

- B 차장 > A 부장
- C 과장 > D 대리
- E 대리 > ? > ? > C 과장

따라서 E 대리 > ? > ? > C 과장 > D 대리의 순서가 성립되며, 이 상태에서 경우의 수를 따져보면 다음과 같다.

㉠ B 차장이 첫 번째인 경우라면, 세 번째와 네 번째는 A 부장과 F 사원(또는 F 사원과 A 부장)이 된다.

- B 차장 > E 대리 > A 부장 > F 사원 > C 과장 > D 대리
- B 차장 > E 대리 > F 사원 > A 부장 > C 과장 > D 대리

㉡ B 차장이 세 번째인 경우는 E 대리의 바로 다음인 경우와 C 과장의 바로 앞인 두 가지의 경우가 있을 수 있다.

- E 대리의 바로 다음인 경우 : F 사원 > E 대리 > B 차장 > A 부장 > C 과장 > D 대리
- C 과장의 바로 앞인 경우 : E 대리 > F 사원 > B 차장 > C 과장 > D 대리 > A 부장

따라서 위에서 정리된 바와 같이 가능한 네 가지의 경우에서 두 번째로 사회봉사활동을 갈 수 있는 사람은 E 대리와 F 사원 밖에 없다.

39 ④

결과를 유심히 보면 덕현이가 가장 많이 낸 바위 9번이 힌트가 됨을 알 수 있다. 무승부가 없으므로 덕현이가 바위를 9번 내는 동안 희선이는 가위 5번과 보 4번을 낸 것이 된다. 이 경우 희선이가 가위를 낸 5번은 덕현이가 승리하고, 희선이가 보를 낸 4번은 희선이가 승리한다.

희선이가 바위를 6번 낼 때 덕현이는 가위 2번과 보 4번을 낸 것이 되는데, 이 경우 덕현이가 가위를 낸 2번은 희선이가 승리하고 덕현이가 보를 낸 4번은 덕현이가 승리하게 된다.

구분	1	2	3	4	5	6	7	8	9	10	11	12	13	14	15
덕현	✊	✊	✊	✊	✊	✊	✊	✊	✊	✌	✌	✋	✋	✋	✋
희선	✌	✌	✌	✌	✌	✊	✊	✊	✊	✊	✊	✋	✋	✋	✋

따라서 총 15번 중 덕현이가 승리한 게임은 5 + 4 = 9번이고, 희선이가 승리한 게임은 4 + 2 = 6번이다. 즉, 덕현의 9승 6패 또는 희선의 6승 9패가 됨을 알 수 있다.

40 ③

③ 희선이가 가위를 낸 5번은 모두 패하였으므로 이 중 2번이 보로 바뀔 경우 희선이의 승수가 2번 추가되어 8승 7패로 덕현을 누르고 최종 승자가 된다.

① 덕현의 바위가 보로 바뀌면 1승 → 1패(1~5번 게임) 또는 1패 → 무승부(6~7번 게임)로 바뀌는 두 가지 경우가 생긴다. 희선의 보가 바위로 바뀌면 1승 → 무승부(6~9번 게임)가 된다. 따라서 1패 → 무승부, 1승 → 무승부의 조합이 되는 경우 덕현은 9승 6패에서 8승 2무 5패가, 희선은 6승 9패에서 5승 2무 8패가 되어 최종 승자와 패자가 뒤바뀌지 않는다.

② 덕현의 바위가 가위로 바뀌면 1승 → 무승부(1~5번 게임) 또는 1패 → 1승(6~7번 게임)으로 바뀌는 두 가지 경우가 생긴다. 희선의 바위가 가위로 바뀌면 1승 → 무승부(10~11번 게임) 또는 1패 → 1승(12~15번 게임)으로 바뀌는 두 가지 경우가 생긴다. 희선이에게 가장 유리한 결과로 덕현은 1승 → 무승부, 희선은 1패 → 1승의 조합이 되더라도 둘 다 7승 1무 7패로 최종 승자와 패자가 뒤바뀌지는 않는다.

④ 희선이 바위를 내서 패한 게임(12~15번 게임)에서 가위로 2번 바뀔 경우 2승이 추가되어 최종 승자가 되지만 희선이 바위를 내서 승리한 게임(10~11번 게임)에서 가위로 2번 바뀔 경우 2무승부가 되어 최종 승자와 패자는 뒤바뀌지 않는다.

⑤ 덕현의 가위 2번이 보로 바뀔 경우 덕현이의 2승이 추가되어 최종 승자와 패자가 뒤바뀌지는 않는다.

41 ⑤

⑤ ⓒ 정기승차권 운임표 유의사항에서 확인할 수 있다.

① 만 13세 이상은 청소년에 해당한다. QR승차권으로 1,150원을 지불해야 한다.

② ① 승차권 종류에서 정기승차권에서 타 교통수단 이용불가가 명시되어있다.

③ 10km를 초과하였으므로 2구간에 해당한다. 모바일승차권 운임가격은 2,700원이다.

④ 10일동안 구간·횟수 제한 없이 저렴하게 이용하려면 7일권을 구매하고 1일권을 3장 구매하는 것이 1개월권을 구매하는 것보다 이용하는 데에 저렴하다.

42 ②

제11조 제2항에 따르면 사용자가 제1항 단서의 사유가 없거나 소멸되었음에도 불구하고 2년을 초과하여 기간제 근로자로 사용하는 경우에는 그 기간제 근로자는 기간의 정함이 없는 근로계약을 체결한 근로자로 본다. 따라서 ②의 경우 기간제 근로자로 볼 수 없다.

① 2년을 초과하지 않는 범위이므로 기간제 근로자로 볼 수 있다.

③ 제11조 제1항 제3호에 따른 기간제 근로자로 볼 수 있다.

④ 제11조 제1항 제1호에 따른 기간제 근로자로 볼 수 있다.

⑤ 제11조 제1항 제2호에 따른 기간제 근로자로 볼 수 있다.

43 ④

④ 수소를 제조하는 시술에는 화석연료를 열분해·가스화 하는 방법과 원자력에너지를 이용하여 물을 열화학 분해하는 방법, 재생에너지를 이용하여 물을 전기분해하는 방법, 그리고 유기성 폐기물에서 얻는 방법 등 네 가지 방법이 있다.

44 ③

신당에서 6호선을 타고 약수에서 환승한 뒤 3호선으로 갈아타 옥수(F은행)에 들린 뒤, 다시 3호선을 타고 고속터미널에서 환승한 뒤 7호선으로 갈아타 사가정(C서점)으로 가는 것이 가장 효율적이다.

45 ④

F→B→E 또는 F→E→B의 순서로 이동할 수 있다.

ⓐ F에서 B로 이동할 때 9정거장과 1번의 환승이 필요하고, B에서 E로 이동할 때 9정거장과 2번의 환승이 필요하다.

ⓑ F에서 E로 이동할 때 8정거장과 1번의 환승이 필요하고, E에서 B로 이동할 때 9정거장과 2번의 환승이 필요하다.

46 ①

각각의 프로그램이 받을 점수를 계산하면 다음과 같다.

분야	프로그램명	점수
미술	내 손으로 만드는 철로	$\{(26 \times 3) + (32 \times 2)\} = 142$
인문	세상을 바꾼 생각들	$\{(31 \times 3) + (18 \times 2)\} = 129$
무용	스스로 창작	$\{(37 \times 3) + (25 \times 2)\}$ + 가산점 30% = 209.3
인문	역사랑 놀자	$\{(36 \times 3) + (28 \times 2)\} = 164$
음악	연주하는 사무실	$\{(34 \times 3) + (34 \times 2)\}$ + 가산점 30% = 221
연극	연출노트	$\{(32 \times 3) + (30 \times 2)\}$ + 가산점 30% = 202.8
미술	예술캠프	$\{(40 \times 3) + (25 \times 2)\} = 170$

따라서 가장 높은 점수를 받은 연주하는 사무실이 최종 선정된다.

47 ④

④ 모든 조건을 고려했을 때 예약 가능한 연회장은 6일 블루, 7일 골드, 13일 블루, 14일 블루 또는 골드이다.
① 총 인원이 250명이므로 블루 연회장과 골드 연회장이 적합하다.
② 송년의 밤 행사이니 저녁 시간대에 진행되어야 한다.
③ 평일인 4~5일과 11~12일은 업무 종료 시간이나 연회부의 동 시간대 투입 인력 조건 등 제한으로 예약이 불가능하다.
⑤ 5일에 실버 연회장 예약이 취소된다면 블루 연회장으로 예약이 가능하다.

48 ②

제시된 제7조~제12조까지의 내용은 각 조항별로 각각 인원보안 업무 취급 부서, 비밀취급인가 대상자, 비밀취급인가 절차, 비밀취급인가대장, 비밀취급인가의 제한 조건, 비밀취급인가의 해제 등에 대하여 언급하고 있다. ②에서 말하는 비밀의 등급이나 비밀에 해당하는 문서, 정보 등 취급인가 사항에 해당되는 비밀의 구체적인 내용에 대해서는 언급되어 있지 않다.

49 ①

신입사원 오리엔테이션 당시 다섯 명의 자리 배치는 다음과 같다.

김 사원	이 사원	박 사원	정 사원	최 사원

확정되지 않은 자리를 SB(somebody)라고 할 때, D에 따라 가능한 경우는 다음의 4가지이다.

㉠

이 사원	SB 1	SB 2	정 사원	SB 3

㉡

SB 1	이 사원	SB 2	SB 3	정 사원

㉢

정 사원	SB 1	SB 2	이 사원	SB 3

㉣

SB 1	정 사원	SB 2	SB 3	이 사원

이 중 ㉠, ㉡은 B에 따라 불가능하므로, ㉢, ㉣의 경우만 남는다. 여기서 C에 따라 김 사원과 박 사원 사이에는 1명이 앉아 있어야 하므로 ㉢의 SB 2, SB 3과 ㉣의 SB 1, SB 2가 김 사원과 박 사원의 자리이다. 그런데 B에 따라 김 사원은 ㉣의 SB 1에 앉을 수 없고 박 사원은 ㉢, ㉣의 SB 2에 앉을 수 없으므로 다음의 2가지 경우가 생긴다.

ⓒ

정 사원	SB 1 (최 사원)	김 사원	이 사원	박 사원

ⓓ

박 사원	정 사원	김 사원	SB 3 (최 사원)	이 사원

따라서 어떤 경우에도 바로 옆에 앉는 두 사람은 김 사원과 최 사원이다.

50 ④

1. P와 Q는 시중의 모든 카메라보다 높은 화소를 가졌다고 하였으므로 두 카메라의 화소는 같다. → ×

2. 터치조작이 가능한 카메라는 A사에서 밖에 제작되지 않는다고 하였지만, A사에서 나오는 다른 카메라들 중 P 외에 터치조작이 가능한 다른 카메라가 있을 수 있다. → ×

3. 'Q는 P에 비해 본체 사이즈가 크지만 여러 종류의 렌즈를 바꿔 끼울 수 있고 ~'를 통해 Q는 다양한 렌즈를 사용할 수 있음을 알 수 있다. → ○

4. '모든 카메라보다 가볍지는 않다.'고 하였으므로 P보다 가벼운 카메라가 존재한다. → ×

5. P와 Q는 모두 A사에서 출시되었다. → ○

6. 마지막 문장에서 'Q는 ~ 무선 인터넷을 통해 SNS 등으로 바로 사진을 옮길 수 있다.'라고 하였으므로 일치한다. → ○

51 ②

① 위원회는 위원장을 포함한 25인 이내의 위원으로 구성한다〈철도산업발전기본법 제6조 제3항〉.
③ 철도산업위원회의 위원장은 국토교통부장관이 된다〈철도산업발전기본법 시행령 제6조 제1항〉.
④ 공정거래위원회부위원장은 위원회의 위원이 된다〈철도산업발전기본법 시행령 제6조 제2항 제1호〉.
⑤ 위원의 임기는 2년으로 하되, 연임할 수 있다〈철도산업발전기본법 시행령 제6조 제3항〉.

52 ③

국가가 철도이용자의 권익보호를 위하여 강구해야 할 시책〈철도산업발전기본법 제16조〉
㉠ 철도이용자의 권익보호를 위한 홍보·교육 및 연구
㉡ 철도이용자의 생명·신체 및 재산상의 위해 방지
㉢ 철도이용자의 불만 및 피해에 대한 신속·공정한 구제조치
㉣ 그 밖에 철도이용자 보호와 관련된 사항

53 ③

철도자산처리계획에 포함되어야 할 내용〈철도산업발전기본법 시행령 제29조〉
㉠ 철도자산의 개요 및 현황에 관한 사항
㉡ 철도자산의 처리방향에 관한 사항
㉢ 철도자산의 구분기준에 관한 사항
㉣ 철도자산의 인계·이관 및 출자에 관한 사항
㉤ 철도자산처리의 추진일정에 관한 사항
㉥ 그 밖에 국토교통부장관이 철도자산의 처리를 위하여 필요하다고 인정하는 사항

54 ④

④는 3년 이하의 징역 또는 5천만 원 이하의 벌금에 처한다〈철도산업발전기본법 제40조 제1항〉.

55 ④

손익금의 처리 … 공사는 매 사업연도 결산 결과 이익금이 생기면 다음의 순서로 처리하여야 한다〈한국철도공사법 제10조〉.

㉠ 이월결손금의 보전(補塡)

㉡ 자본금의 2분의 1이 될 때까지 이익금의 10분의 2 이상을 이익준비금으로 적립

㉢ 자본금과 같은 액수가 될 때까지 이익금의 10분의 2 이상을 사업확장적립금으로 적립

㉣ 국고에 납입

56 ④

유사명칭의 사용금지 규정을 위반한 자에게는 500만 원 이하의 과태료를 부과한다〈한국철도공사법 제20조 제1항〉.

57 ③

대통령령으로 정하는 철도 관계 법령〈철도사업법 시행령 제2소〉

㉠ 철도산업발전 기본법

㉡ 철도안전법

㉢ 도시철도법

㉣ 국가철도공단법

㉤ 한국철도공사법

※ ③ 한국고속철도건설공단법은 폐지되었다.

58 ④

철도사업자 또는 철도사업자로부터 승차권 판매위탁을 받은 자가 아닌 자는 철도사업자가 발행한 승차권 또는 할인권·교환권 등 승차권에 준하는 증서를 상습 또는 영업으로 자신이 구입한 가격을 초과한 금액으로 다른 사람에게 판매하거나 이를 알선하여서는 아니 된다〈철도사업법 제10조의2〉.

59 ②

철도사업자 또는 그 소속 종사자의 고의 또는 중대한 과실에 의하여 발생한 사고의 과징금〈철도사업법 시행령 제9조 별표1〉

㉠ 1회의 철도사고로 인한 사망자가 40명 이상인 경우 : 5,000만 원

㉡ 1회의 철도사고로 인한 사망자가 20명 이상 40명 미만인 경우 : 2,000만 원

㉢ 1회의 철도사고로 인한 사망자가 10명 이상 20명 미만인 경우 : 1,000만 원

㉣ 1회의 철도사고로 인한 사망자가 5명 이상 10명 미만인 경우 : 500만 원

60 ②

전용철도운영자가 사망한 경우 상속인이 그 전용철도의 운영을 계속하려는 경우에는 피상속인이 사망한 날부터 3개월 이내에 국토교통부장관에게 신고하여야 한다〈철도사업법 제37조 제1항〉.

STUDY PLANNER

D-day	DATE.		MON	TUE	WED	THU	FRI	SAT	SUN

PLAN	
	○
	○
	○
	○
	○
	○
	○
	○
	○
	○
	○
	○
	○
	○
	○
	○
	○
	○
	○
	○
	○
	○

TOTAL TIME	H	M
6		
7		
8		
9		
10		
11		
12		
1		
2		
3		
4		
5		
6		
7		
8		
9		
10		
11		
12		
1		
2		
3		
4		
5		

COMMENT

STUDY PLANNER

D-day	DATE.

MON	TUE	WED	THU	FRI	SAT	SUN

PLAN	
	○
	○
	○
	○
	○
	○
	○
	○
	○
	○
	○
	○
	○
	○
	○
	○
	○
	○
	○
	○
	○

TOTAL TIME	H			M		
6						
7						
8						
9						
10						
11						
12						
1						
2						
3						
4						
5						
6						
7						
8						
9						
10						
11						
12						
1						
2						
3						
4						
5						

COMMENT

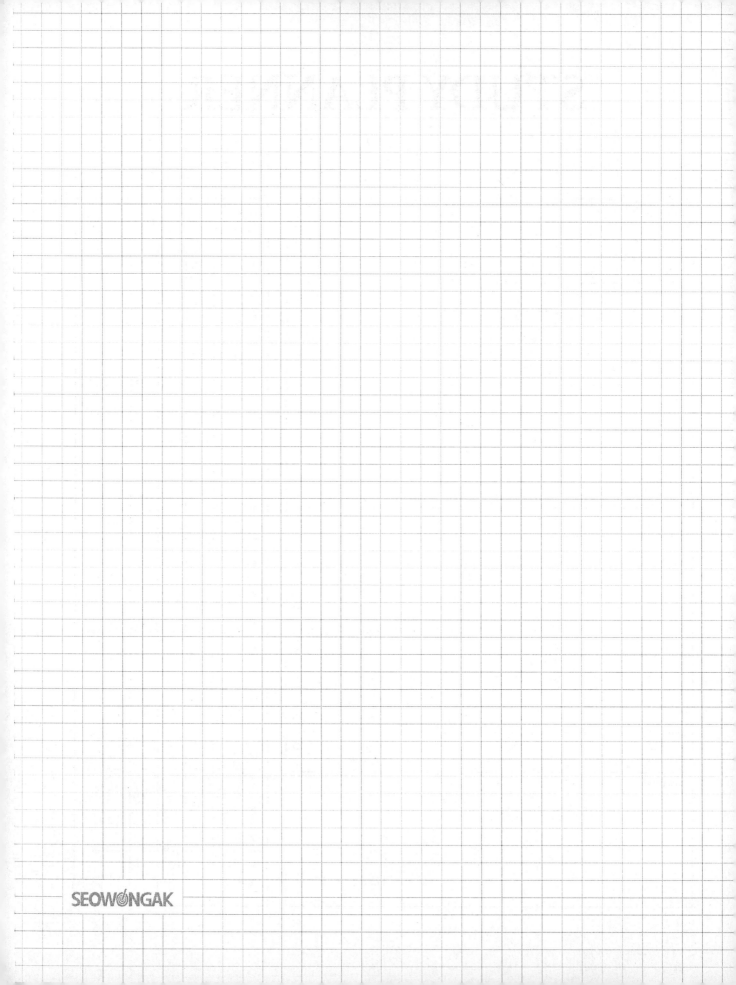

STUDY PLANNER

D-day	DATE.		MON	TUE	WED	THU	FRI	SAT	SUN

PLAN		
		○
		○
		○
		○
		○
		○
		○
		○
		○
		○
		○
		○
		○
		○
		○
		○
		○
		○
		○
		○

TOTAL TIME		H		M		
6						
7						
8						
9						
10						
11						
12						
1						
2						
3						
4						
5						
6						
7						
8						
9						
10						
11						
12						
1						
2						
3						
4						
5						

COMMENT

STUDY PLANNER

D-day	DATE.		MON	TUE	WED	THU	FRI	SAT	SUN

PLAN	
	○
	○
	○
	○
	○
	○
	○
	○
	○
	○
	○
	○
	○
	○
	○
	○
	○
	○
	○
	○

TOTAL TIME	H		M	
6				
7				
8				
9				
10				
11				
12				
1				
2				
3				
4				
5				
6				
7				
8				
9				
10				
11				
12				
1				
2				
3				
4				
5				

COMMENT

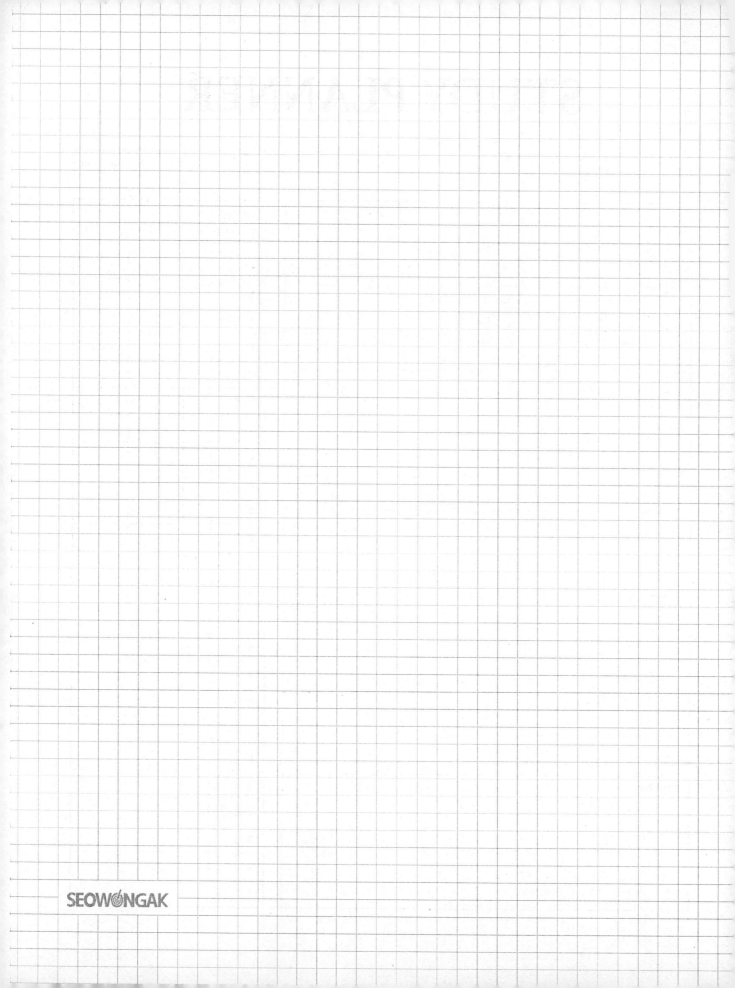

STUDY PLANNER

D-day	DATE.

MON	TUE	WED	THU	FRI	SAT	SUN

PLAN	
	○
	○
	○
	○
	○
	○
	○
	○
	○
	○
	○
	○
	○
	○
	○
	○
	○
	○
	○
	○
	○

TOTAL TIME	H		M	
6				
7				
8				
9				
10				
11				
12				
1				
2				
3				
4				
5				
6				
7				
8				
9				
10				
11				
12				
1				
2				
3				
4				
5				

COMMENT